MW01352270

Edición bilingüe

Mi primera BIBLIA

una historia de amor

Edición bilingüe

Índice
Contents

Orientaciones para los padres

¿Cómo hablarles a nuestros hijos de Dios y de la Biblia? ¿Con qué palabras? Son preguntas inevitables para todo creyente que ha recibido el don de la paternidad y la maternidad. Respondiendo a tal inquietud llega a vuestras manos este maravilloso libro que, con palabras sencillas y hermosas imágenes, presenta a los niños, de manera dinámica e interactiva, doce historias bíblicas. Queda a los padres la tarea de enriquecerlas creativamente ayudándoles a ubicar aspectos de las imágenes, a crear e imitar sonidos, a formular o responder preguntas, en una palabra, a poner el ingrediente del amor, ayudándoles así a amar a nuestro Padre Dios y su Palabra.

Guidance for parents

How do we talk to our children about God and the Bible? With what words? These are inevitable questions for all faithful who received the gift of fatherhood and motherhood. Responding to such uneasiness brings to your hands this marvellous book, with simple words and beautiful images. It presents to the children, in its dynamic and interactive manner, twelve biblical stories. The task is left to the parents to enrich them by creatively helping them locate aspects of the images, create and imitate sounds, ask or answer questions; in short, putting the ingredient of love and helping them to love our Father God and His Word.

A papá y mamá

SOMOS FRUTO DEL AMOR acerca a los niños la narración de la creación, mediante una secuencia que despierta su curiosidad y los conduce gradualmente al mundo de Dios.

Para favorecer su apertura a la fe, es oportuno permitirles que respondan a las preguntas que formula el relato, responder con sencillez a aquellas que el libro les plantea y ayudarles a pasearse por las ilustraciones fijándose en los detalles. De esta manera, los pequeños comprenderán que Dios ha creado el mundo y al ser humano por amor, y que ese infinito amor permanece para siempre en la relación de Dios con sus criaturas.

To mummy and daddy

WE ARE THE FRUIT OF LOVE approaches the children the narration of the creation story, through a sequence that awakens their curiosity and drives them gradually to the world of God.

In order to favour their opening to the faith, it is appropriate to permit them to respond to the questions raised by the story, to respond with simplicity what the book expounds and to help them pass through illustrations by looking at their details. In this manner, the little ones will comprehend that God created the world and became man out of love, and that this infinite love remains forever in the relationship of God with His creatures.

SOMOS FRUTO DEL AMOR

WE ARE THE FRUIT OF LOVE

La Creación - The Creation

(Génesis, capítulos 1 y 2) - (Genesis, chapters 1 and 2)

Hace mucho, mucho tiempo...
no existía nada, ni las personas,
ni las cosas.
Todo era oscuridad y vacío,
y en medio, solo estaba Dios...

A long, long time ago...
there was nothing, neither people nor things existed.
Everything was dark and empty,
and, in the middle, there was only God...

Entonces, dijo Dios:
"Hágase la luz",
y la luz apareció.

Then God said: "Let there be light", and the light appeared.

Y a Dios le pareció hermoso
y bueno que todo
estuviera iluminado.

And God saw that it was nice and good
that everything could be illuminated.

Luego, Dios decidió separar la luz de las tinieblas, y entonces creó el día y la noche.

Then, God decided to separate the light from the darkness, and there was evening and there was morning.

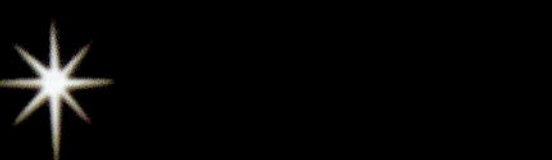

Al día le colocó un radiante sol
y a la noche una blanca luna
y millones de estrellas.

God placed a radiant sun on the day,
and He placed the white moon and
millions of stars on the night.

¿Puedes contarlas?
Can you count them all?

Luego creó el hermoso cielo azul y lo llenó de blancas nubes.

Then, He created the beautiful blue sky and He filled it with white clouds.

Y todo lo que creaba
le parecía muy bueno...

And He saw everything was very good...

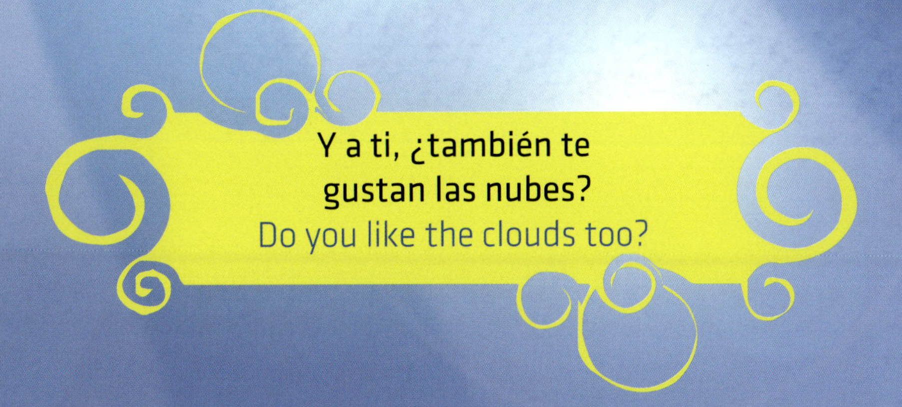

Y a ti, ¿también te
gustan las nubes?
Do you like the clouds too?

Después separó las aguas de lo seco, acumulándolas debajo del cielo, creando así profundos océanos y formando los grandes continentes.

After that, he separated the waters from the ground under the sky, creating deep oceans and huge continents.

Puso árboles en el bosque,
pasto en la llanura y por toda
la tierra naranjas y peras,
bananas y cocos, y otras frutas más...

He placed trees in the forest, grass on the fields,
and filled the earth with oranges and pears, bananas
and coconuts, and many other fruits...

¿Puedes verlas colgando de sus ramas?
Can you see them hanging from their branches?
Vio Dios que todo era muy bueno y empezó a pensar en alguien con quien compartir su creación...
God saw everything was good. He started to think of someone to share with his Creation...

Creó hermosos animales,
como las aves que vuelan
por el cielo y los peces
que nadan y saltan en el mar.

He created pretty animals, like the birds that fly in the sky and the fishes that swim and jump in the water.

¡Di de qué color es cada uno!
Say which colours they all are!

En la tierra puso grandes
elefantes, osos juguetones,
cabras saltarinas, chimpancés, conejos
y otros animales.

On the earth, God placed big elephants,
playful bears, jumping goats, chimpanzees,
rabbits and some other animals.

Creó luego un hombre,
al que llamó Adán,
y una mujer,
que se llamó Eva,
y les encargó
que cuidaran la tierra.

Then He created a man, whom He called Adam, and a woman, whom He called Eve, and He ordered them to look after the earth.

Ahora Dios tiene con quién compartir todas esas cosas que Él mismo creó.

Now God has somebody with whom He can share all the things He created.

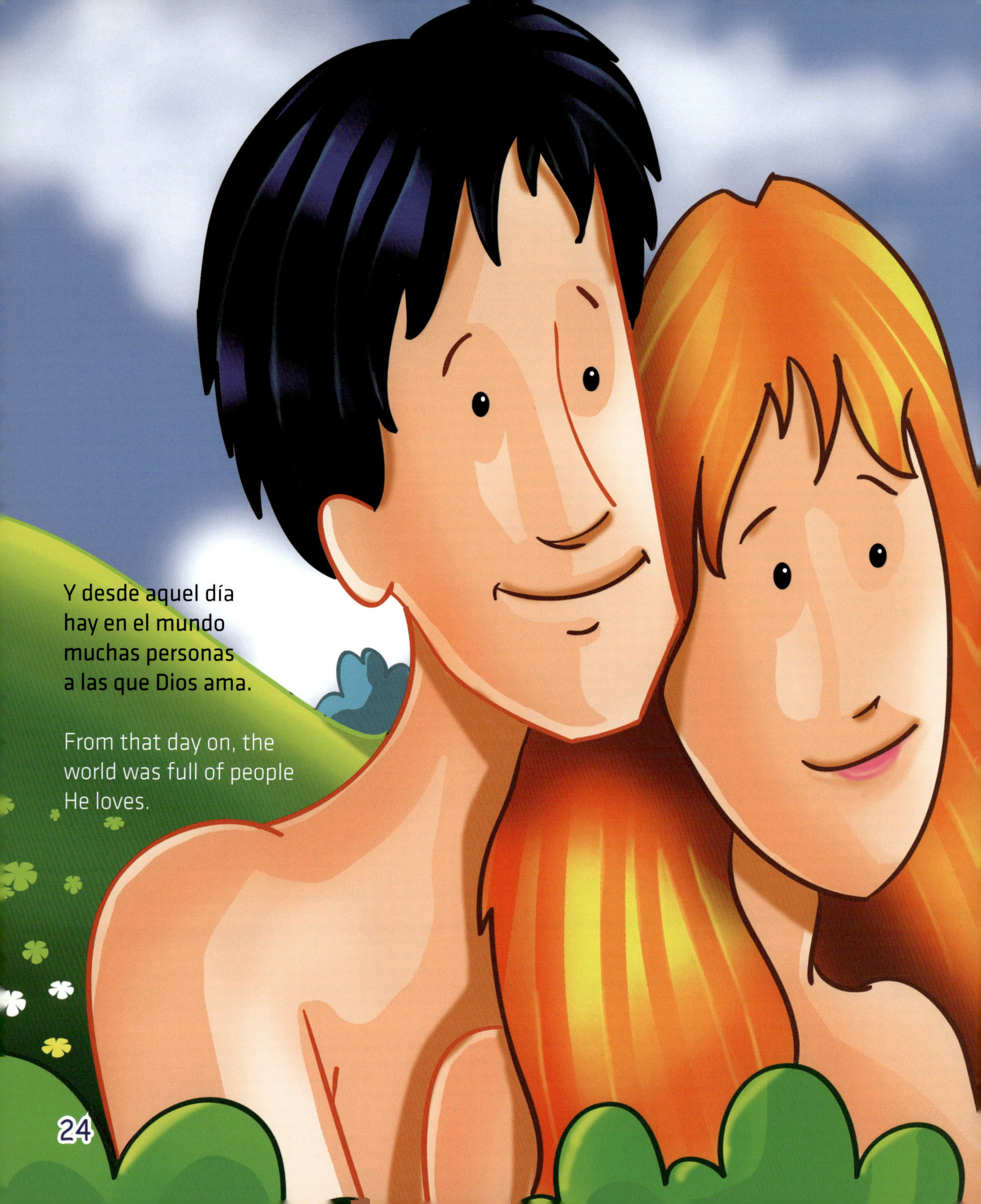

Y desde aquel día
hay en el mundo
muchas personas
a las que Dios ama.

From that day on, the
world was full of people
He loves.

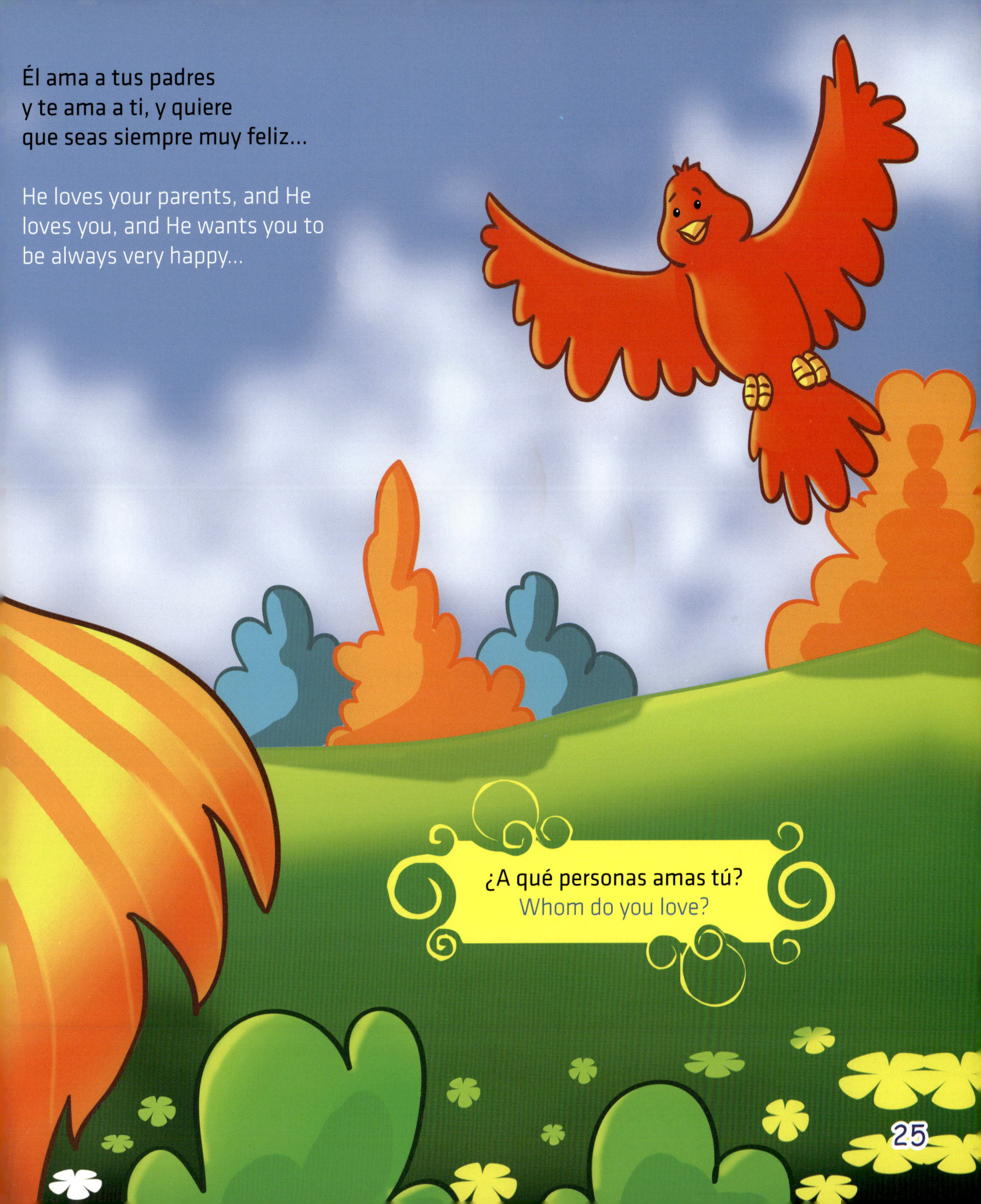

Él ama a tus padres
y te ama a ti, y quiere
que seas siempre muy feliz...

He loves your parents, and He loves you, and He wants you to be always very happy...

¿A qué personas amas tú?
Whom do you love?

A papá y mamá

UN BARCO MUY GRANDE. El relato del arca de Noé presenta aspectos maravillosos de los que disfrutan profundamente los niños, entre ellos la gran variedad de animales que los invitan a aprender sus nombres e imitar sus sonidos, y la inmensidad del mar o la belleza del arco iris, que generan admiración por la naturaleza. Es también una oportunidad para ayudarles a comprender el valor de nuestra respuesta de fe a Dios, que se vislumbra en la diligencia de Noé a pesar de las burlas, y para reconocer el amor de Dios manifestado en la promesa con la cual concluye la historia.

To mummy and daddy

A HUGE BOAT. The story of Noah's Arc presents marvellous aspects that children profoundly enjoy. Among them are a great variety of animals that invite them to know their names and imitate their sounds; and the immensity of the sea or the beauty of the rainbow that generates an admiration to the nature. It is also an opportunity to help them comprehend the worth of our response of faith to God that is seen on the diligence of Noah despite the mockery, and to recognize the love of God manifested in the promise with which the story concludes.

UN BARCO MUY GRANDE A HUGE BOAT

El arca de Noé Noah's Ark

(Génesis, capítulos 6 al 8)
(Genesis, chapters 6 to 8)

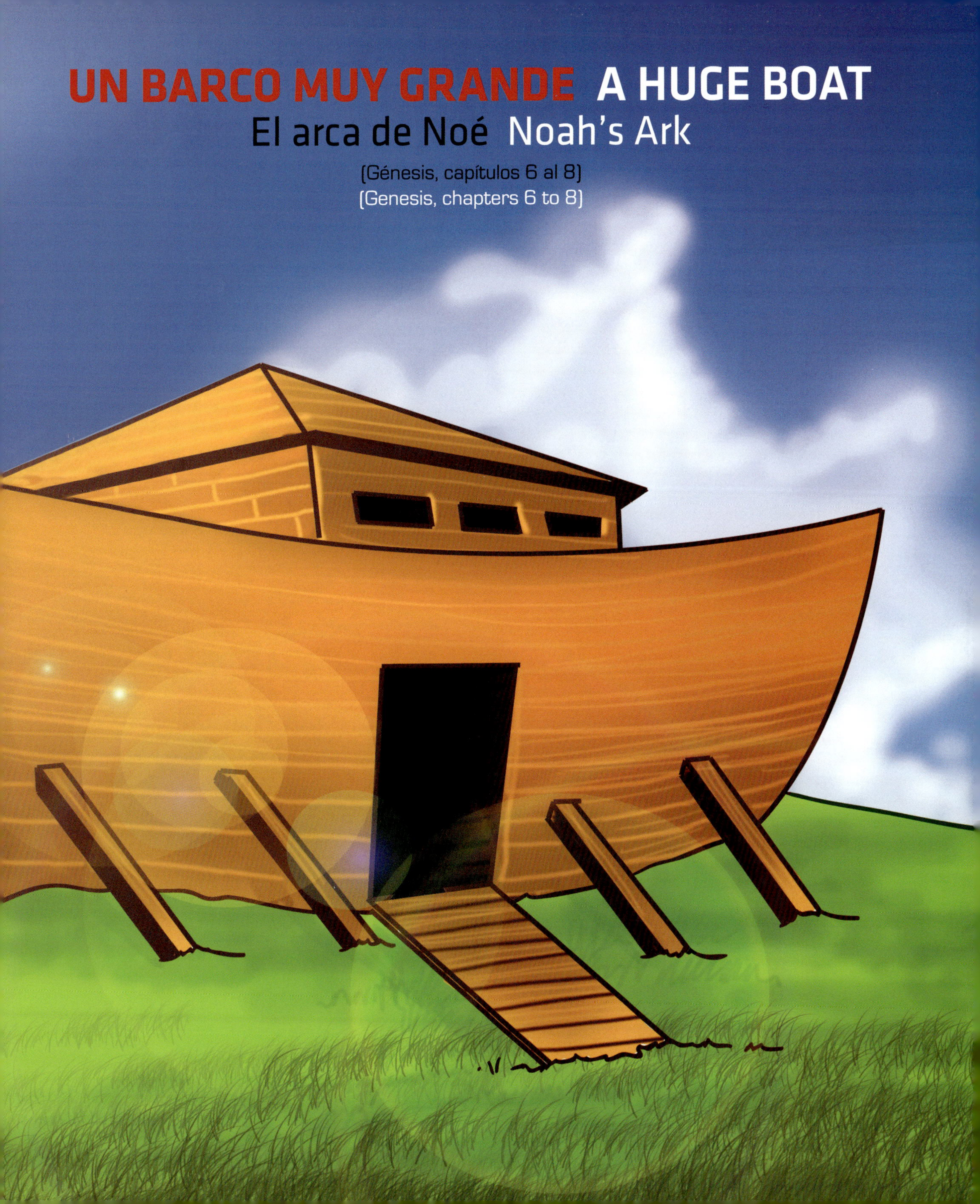

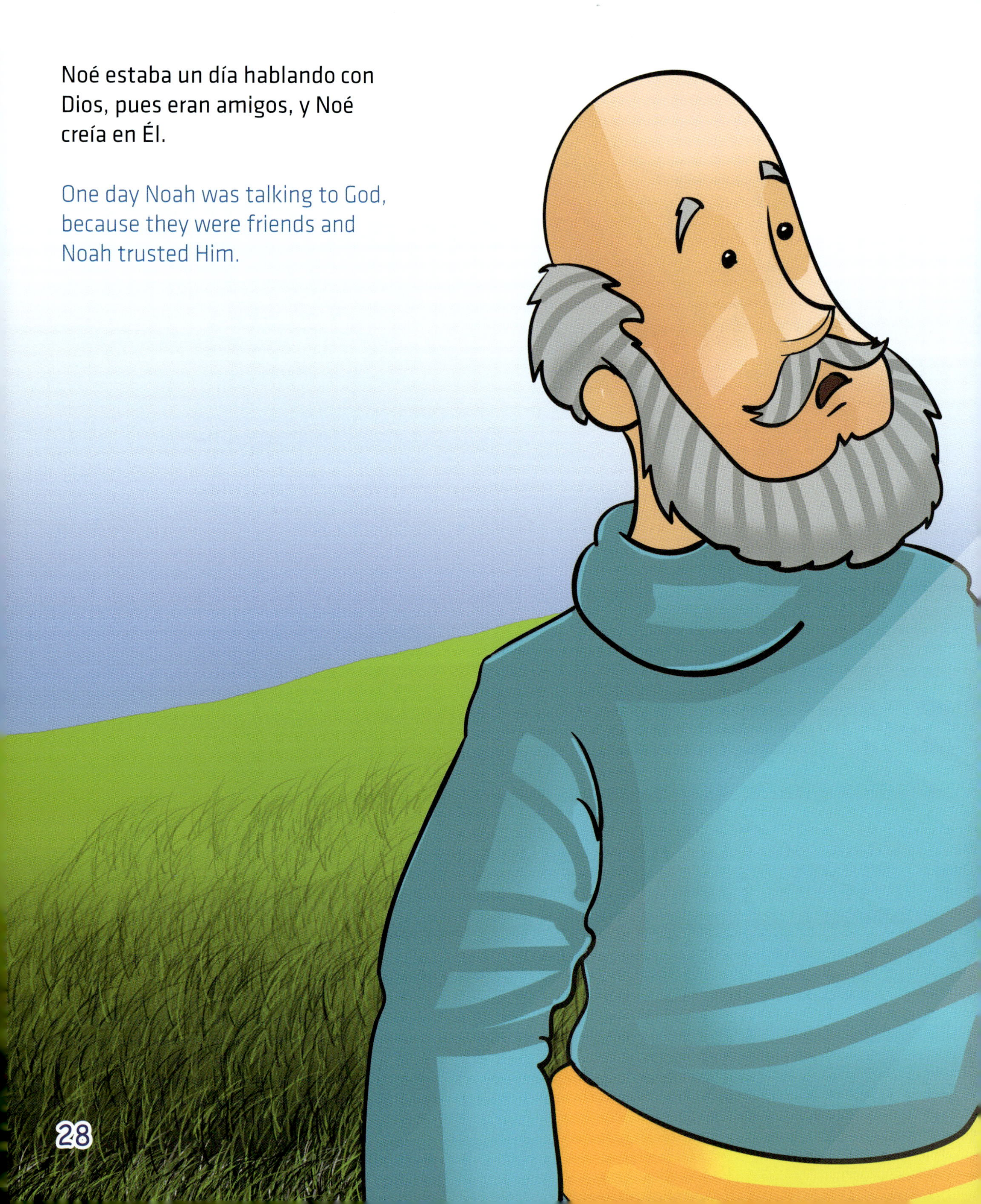

Noé estaba un día hablando con Dios, pues eran amigos, y Noé creía en Él.

One day Noah was talking to God, because they were friends and Noah trusted Him.

Ese día Dios le dijo a Noé que caería un diluvio y para protegerse debía construir un barco muy grande, un barco grandísimo.

That day God told him a big flood was about to come. In order to protect himself, he had to build a big boat, a huge boat.

Noé no sabía qué era un diluvio, pero sabía que Dios siempre dice la verdad, por eso decidió comenzar a trabajar.

Noah didn't know what a flood was, but he knew God always tells the truth, so he decided to start working.

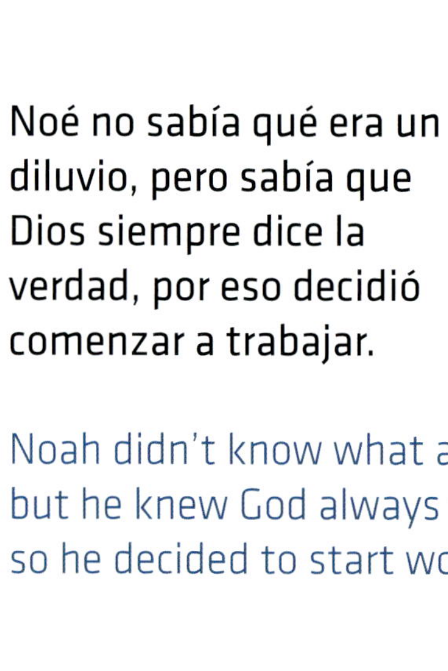

¿Qué hubieras hecho tú?
What would you have done?

Rrrrun, rrrran,
sonaba el serrucho.

Rattle, rattle, sounded the handsaw.

Tan, tan, sonaba
el martillo.
Bump, bump, sounded
the hammer.

De día y de noche trabajaba Noé
para terminar pronto
su barco.

Noah worked night and day
to finish his boat.

Todo el pueblo se burlaba mientras veía trabajar a Noé. "Aquí no hay agua, ¿dónde vas a navegar?", decían.

Everyone teased Noah when they saw him working. "There is no water in here, where are you going to sail?", they said.

Noé les contó lo que Dios había dicho, pero la gente no creía en diluvios.

Noah told them what God had told him, but people didn't believe in floods.

Noé sí creía en Dios, y siguió trabajando...

Noah trusted God, so he kept working...

¿Cuándo terminará el barco?
When will he finish the boat?

Días después... ¡el barco estuvo listo!
Muy contento, Dios le dijo a Noé:
“Ahora, escucha bien
lo que debes hacer:

Several days later... the boat was ready!
God, very happy, told Noah:
“Now, listen carefully
to what you have to do:

Llenarás el barco con una pareja de cada animal que hay sobre la tierra". Aunque Noé quedó un poco sorprendido, ese mismo día empezó a reunirlos.

You will fill the boat with a male and a female of each kind of animal on the earth". Noah was a little bit surprised, but that very same day he started gathering the animals.

El gato, el perro, el ratón y el oso
entran muy alegres, con su parejita.

The cat, the dog, the mouse and the bear
go in very happily, everyone in its pair.

La llama, la cebra, la oveja y
la vaca van con sus parejas
haciendo una fila.

The llama, the zebra, the sheep
and the cow make a row.

Imita las voces
de estos animales.
Try to imitate the sound of
these animals.

Llegaron leones, jirafas y cerdos, y por fin entraron las pobres tortugas.

Some lions, giraffes and pigs came along. Finally, the poor turtles came in as well.

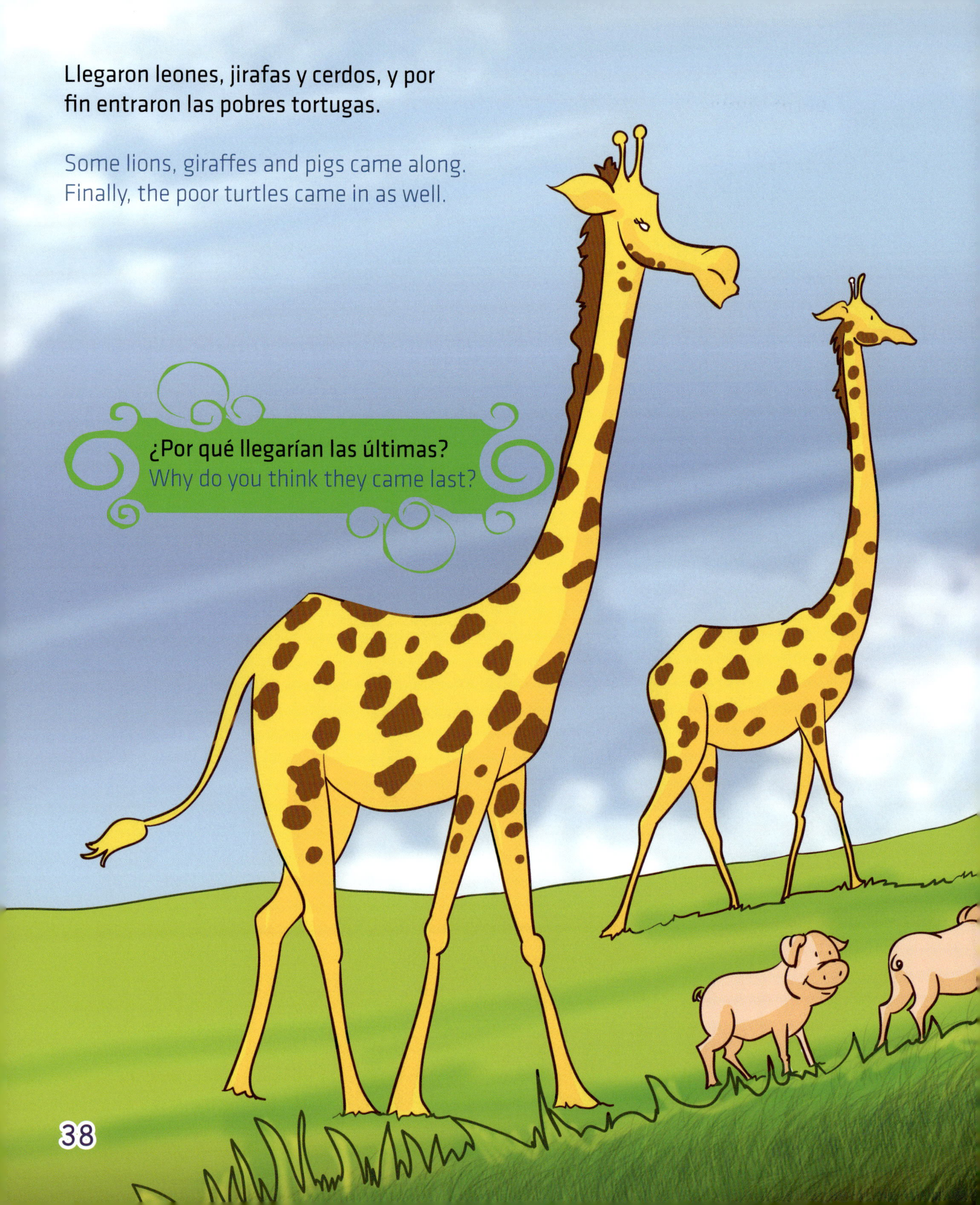

¿Por qué llegarían las últimas?
Why do you think they came last?

Cuando terminaron de entrar las parejas,
entró también Noé con toda su familia. Como ya estaban todos,
Dios cerró la puerta. ¡Pum!

When all the couples were inside, Noah and his family came inside too.
God shut the door. Slam!

Empezó una lluvia, muy, muy suavecita,
que muy lentamente se volvió aguacero:
¡purrum! Sonaban truenos, caían rayos,
y llovía tanto que se formó un mar.

Soft rain started to fall. Very slowly, the rain became so heavy: Rumble! There were thunder and lightning. It was raining so much, that a big sea flooded the earth.

El inmenso barco estuvo flotando durante semanas y durante meses, pero el aguacero no quería acabar...

The huge boat floated on the waters for weeks and months. The heavy rain didn't want to stop...

¿Hasta cuándo seguirá lloviendo?
When will it stop raining?

Por fin, un día, ¡dejó de llover! Poco a poco el agua se fue retirando hasta que la tierra se volvió a secar.
El barco se detuvo en una montaña
y los animales pudieron bajar.

Then, one day, the rain stopped! Little by little the water receded and the ground became dry again.
The ark rested on a mountain and
the animals could get out.

¡Qué alegres estaban de poder sentir
otra vez el olor de la hierba fresca!

They were very happy, because they could smell
the fresh grass again!

Ese día, por haberle creído y obedecido,
Dios le hizo una promesa a Noé:
"Nunca volveré a enviar
un diluvio", dijo.

Because he had trusted Him and obeyed
Him, God promised something to Noah:
"I will never send a flood again", he said.

Y como signo de esa promesa
colocó en el cielo un
hermoso arco iris.

As a sign of that promise,
God set a beautiful rainbow in the sky.

¿Qué colores tiene el arco iris?
What colours does a rainbow have?

A papá y mamá

Abrahán es un personaje especial, cuya historia permite hacer de las cosas cotidianas grandes eventos. En UNA MISIÓN ESPECIAL... se brinda la oportunidad de compartir con los niños todos aquellos sueños y proyectos de la historia familiar, así: junto a la espera de Isaac, la esperanza de tenerlos a ellos en los brazos; junto a la expectativa de la tierra, el sueño de un hogar propio; alrededor del matrimonio de Isaac, la manera particular como se conocieron sus padres. Siempre, fundando tales esperanzas en la absoluta confianza en Dios, nuestro Padre, que nos acompaña y cumple todas sus promesas.

To mummy and daddy

Abraham is a special person, whose history allows to do great events of everyday affairs. A SPECIAL TASK... offers the opportunity to share with the children all those dreams and projects of the familiar story, thus: close to the wait of Isaac, the hope to have them in arms; close to the hope of the land, the dream of their own home; around the matrimony of Isaac, the particular manner of how they met their parents. Always, founding such hopes on absolute trust in God, our Father, who accompanies us and fulfills all His promises.

UNA MISIÓN ESPECIAL...
A SPECIAL TASK...

La historia de Abrahán
The story of Abraham

(Génesis, capítulos 12 al 25) (Genesis, chapters 12 to 25)

Un día, mientras hablaba con
Dios, Abrahán recibió
de Él una misión especial...

One day, while Abraham was
talking to God, a special task was
given to him...

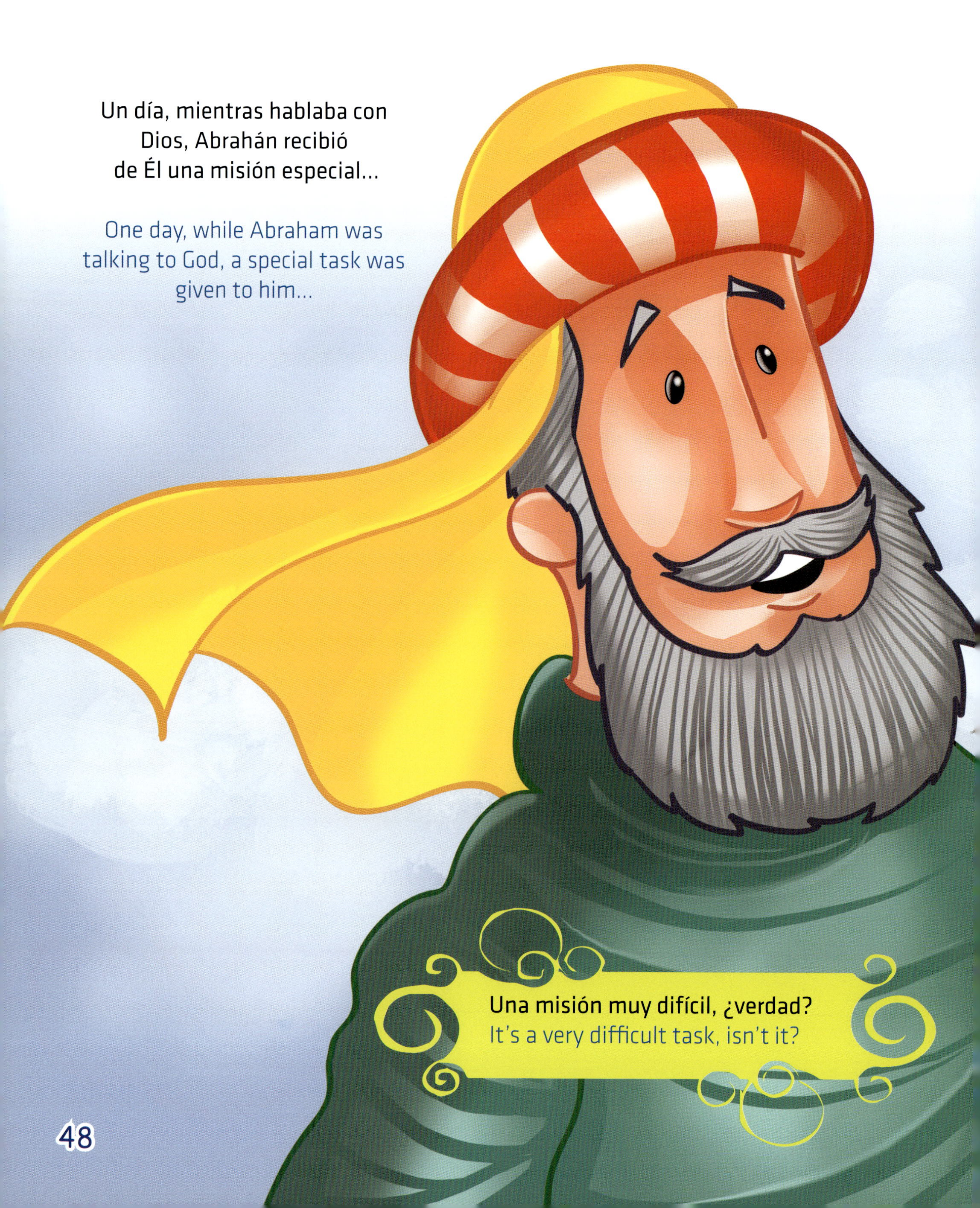

Una misión muy difícil, ¿verdad?
It's a very difficult task, isn't it?

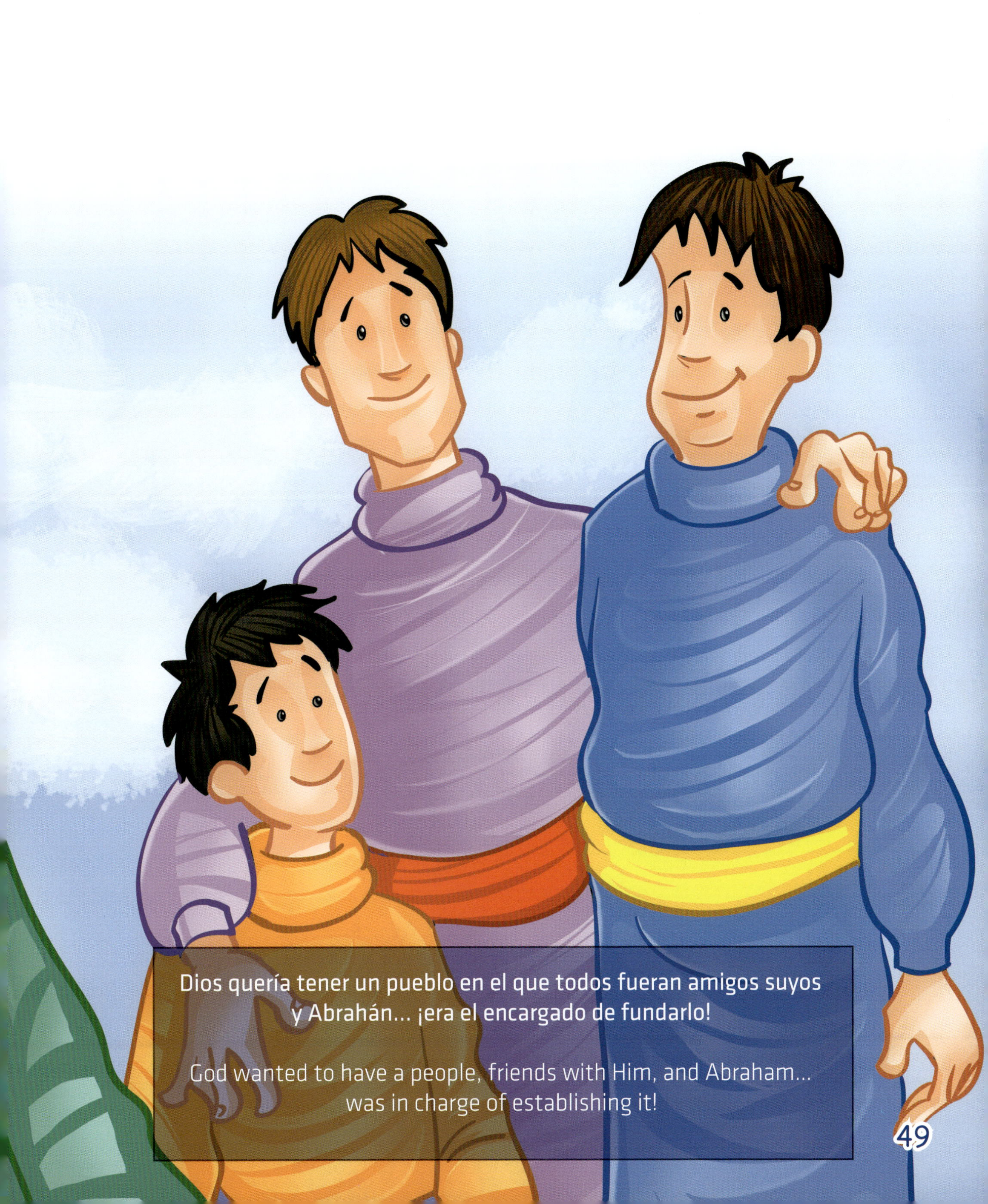
Dios quería tener un pueblo en el que todos fueran amigos suyos y Abrahán... ¡era el encargado de fundarlo!
God wanted to have a people, friends with Him, and Abraham... was in charge of establishing it!

Con su esposa, un sobrino,
el ganado y todas sus cosas,
Abrahán emprendió el camino.

Abraham took his wife,
his nephew, his cattle
and all his things and set out.

No sabía adónde llegaría,
pero estaba tranquilo, porque
Dios había prometido
indicarle el lugar adecuado.

He didn't know where was he
going to arrive, but he was calm,
because God had promised him
to tell him the right place.

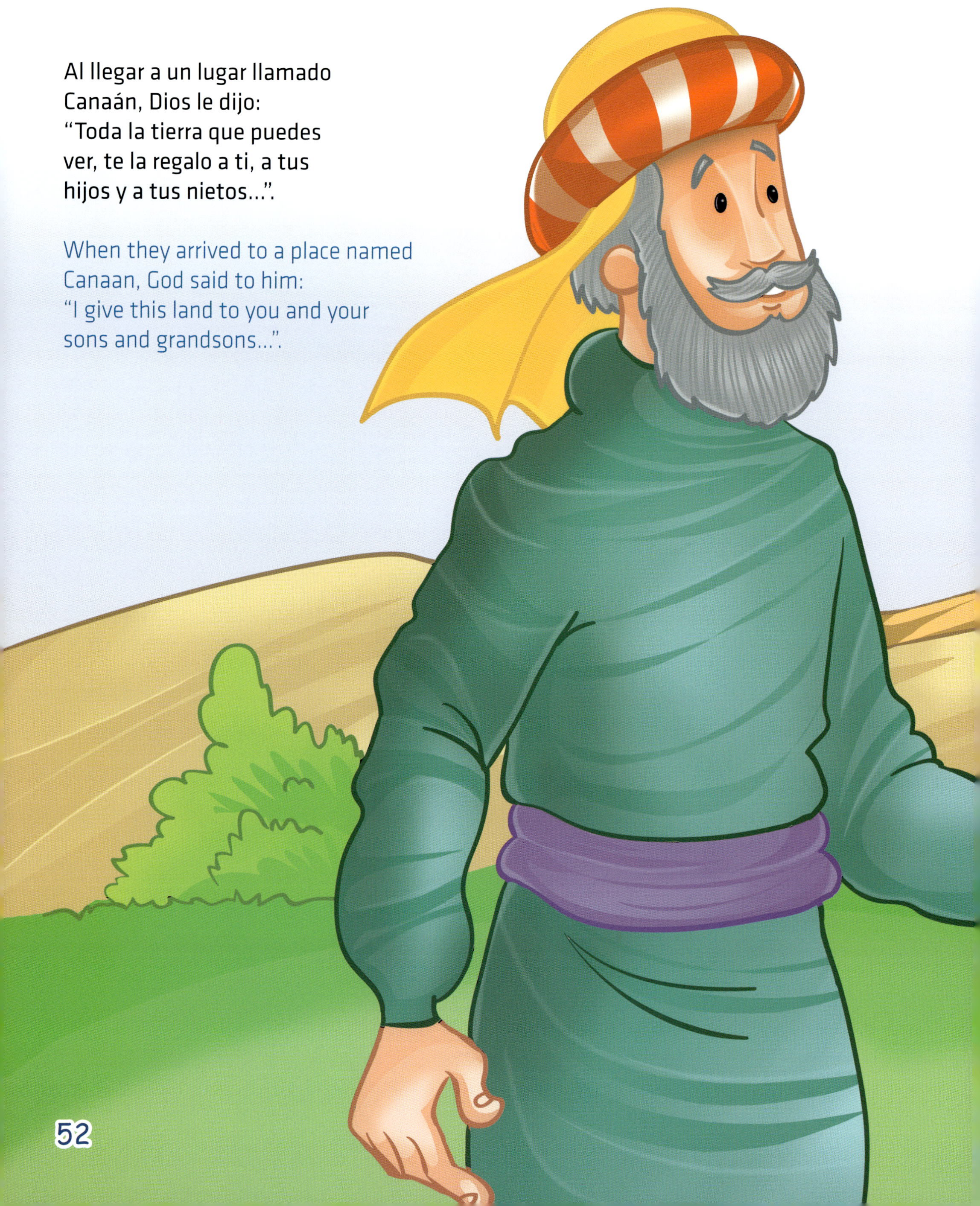

Al llegar a un lugar llamado
Canaán, Dios le dijo:
"Toda la tierra que puedes
ver, te la regalo a ti, a tus
hijos y a tus nietos...".

When they arrived to a place named
Canaan, God said to him:
"I give this land to you and your
sons and grandsons...".

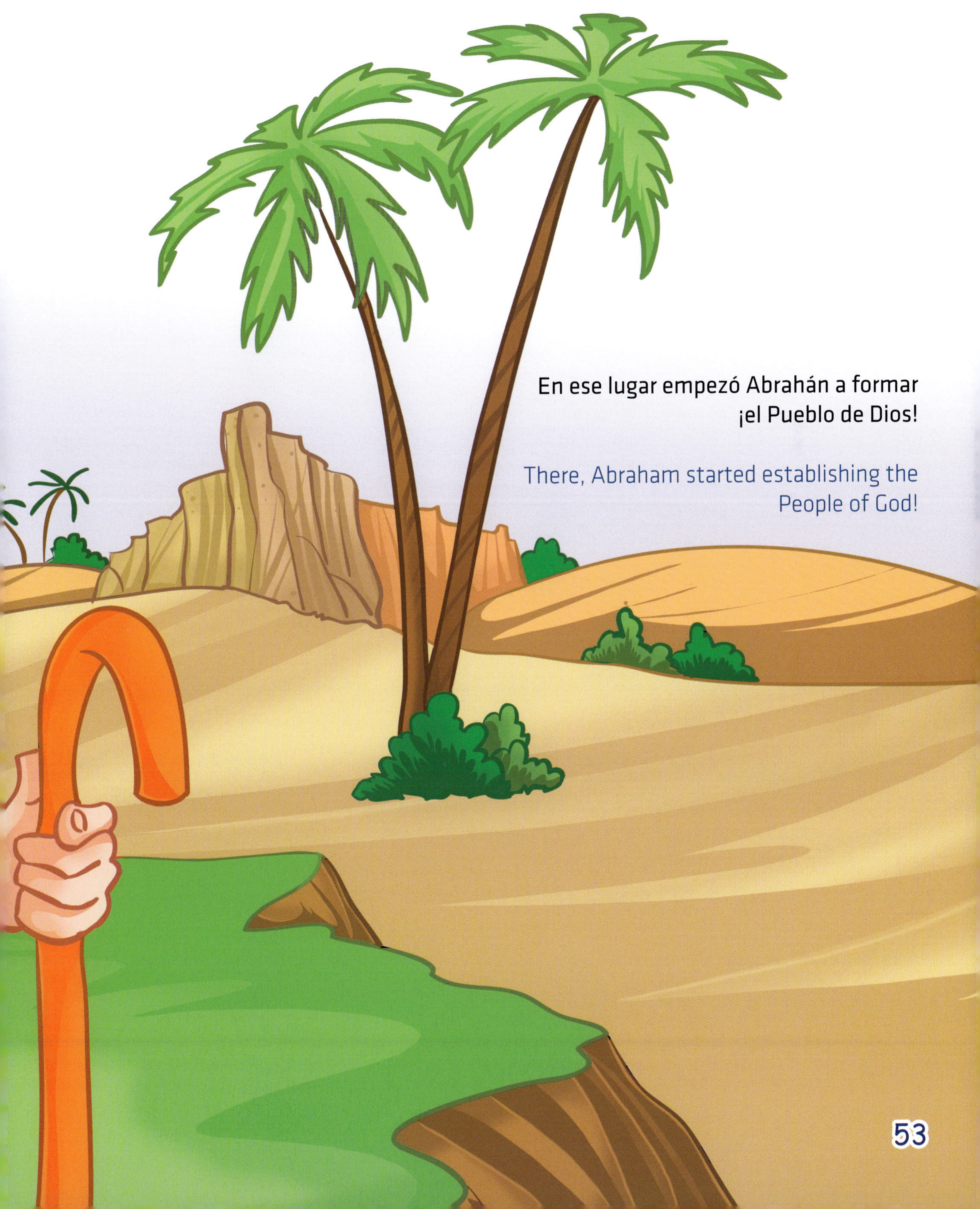

En ese lugar empezó Abrahán a formar
¡el Pueblo de Dios!

There, Abraham started establishing the
People of God!

Sin embargo, Abrahán estaba triste porque todavía no tenía hijos.

But Abraham was sad, because he was still childless.

Una noche, mientras miraba las estrellas,
Dios le hizo una hermosa promesa...

One night, while he was looking up at the stars,
God made a beautiful promise to him...

"Al igual que nadie puede contar las estrellas,
¡tendrás tantos hijos
que nadie podrá contarlos!".

"Nobody can count the stars, and your family will be
the same: you will have so many children,
nobody will be able to count them all!".

Trata de contar esta noche las estrellas.
Tonight, try to count
the stars in the sky.

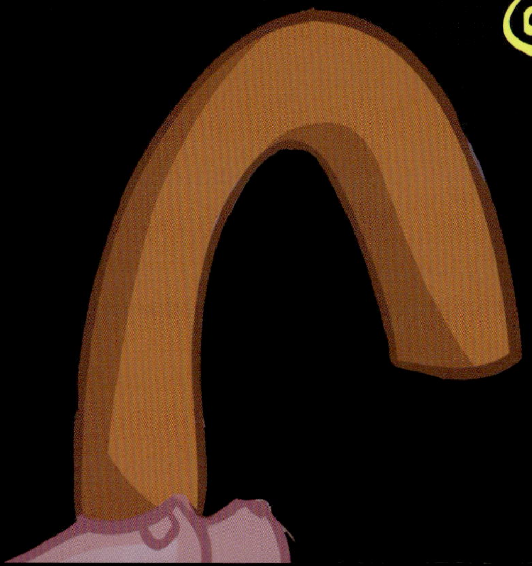

Un día pasaron cerca tres hombres y Abrahán, sin saber que eran ángeles, los invitó a descansar en su casa y les ofreció agua y comida.

One day, three men came by. Abraham didn't know they were angels, and he invited them to rest in his house. He offered them water and food.

Antes de irse le dieron las gracias
y le dieron a Abrahán una noticia:
"¡Dentro de nueve meses tendrás un hijo!".

Before they left, they thanked Abraham
and told him great news:
"Nine months from now, you will have a child!".

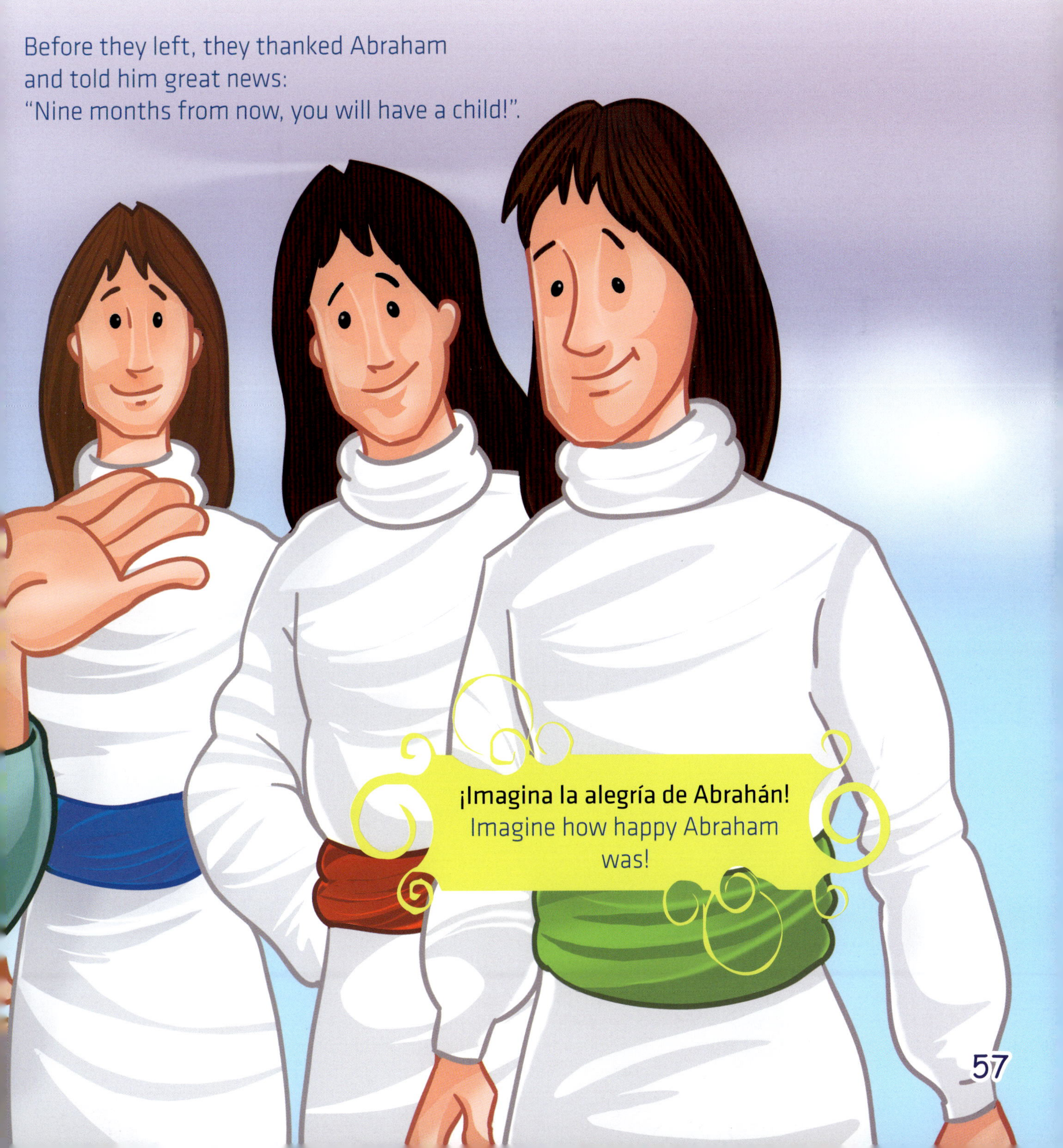

¡Imagina la alegría de Abrahán!
Imagine how happy Abraham was!

Así fue. Sara, su esposa, quedó embarazada y tuvo un lindo niño al que llamaron Isaac. Abrahán y Sara cantaban de alegría y no cesaban de dar gracias a Dios.

And so it was. Sarah, his wife, became pregnant. She had a lovely baby boy and they called him Isaac. Abraham and Sarah were very happy and they couldn't stop giving thanks to God.

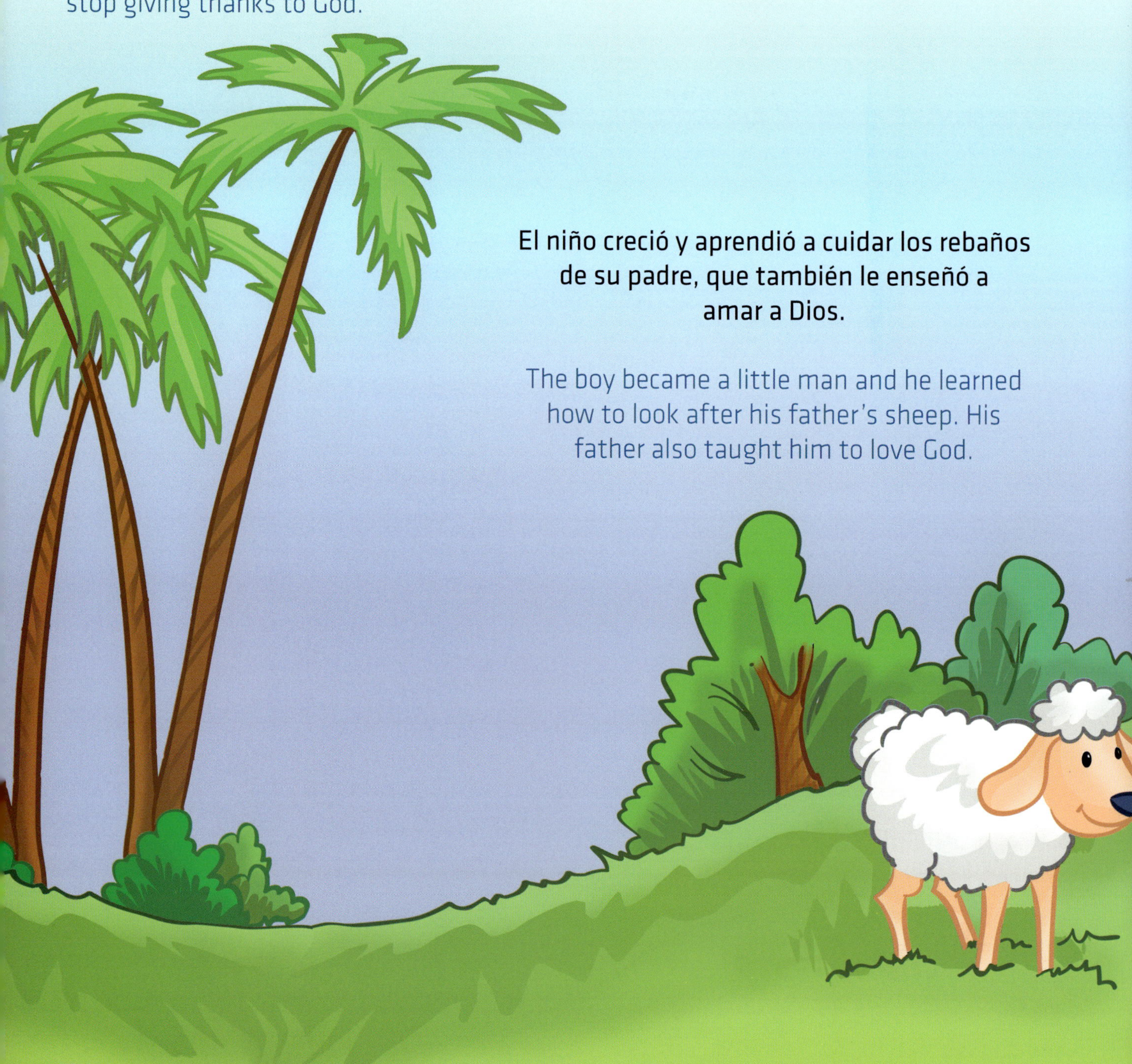

El niño creció y aprendió a cuidar los rebaños de su padre, que también le enseñó a amar a Dios.

The boy became a little man and he learned how to look after his father's sheep. His father also taught him to love God.

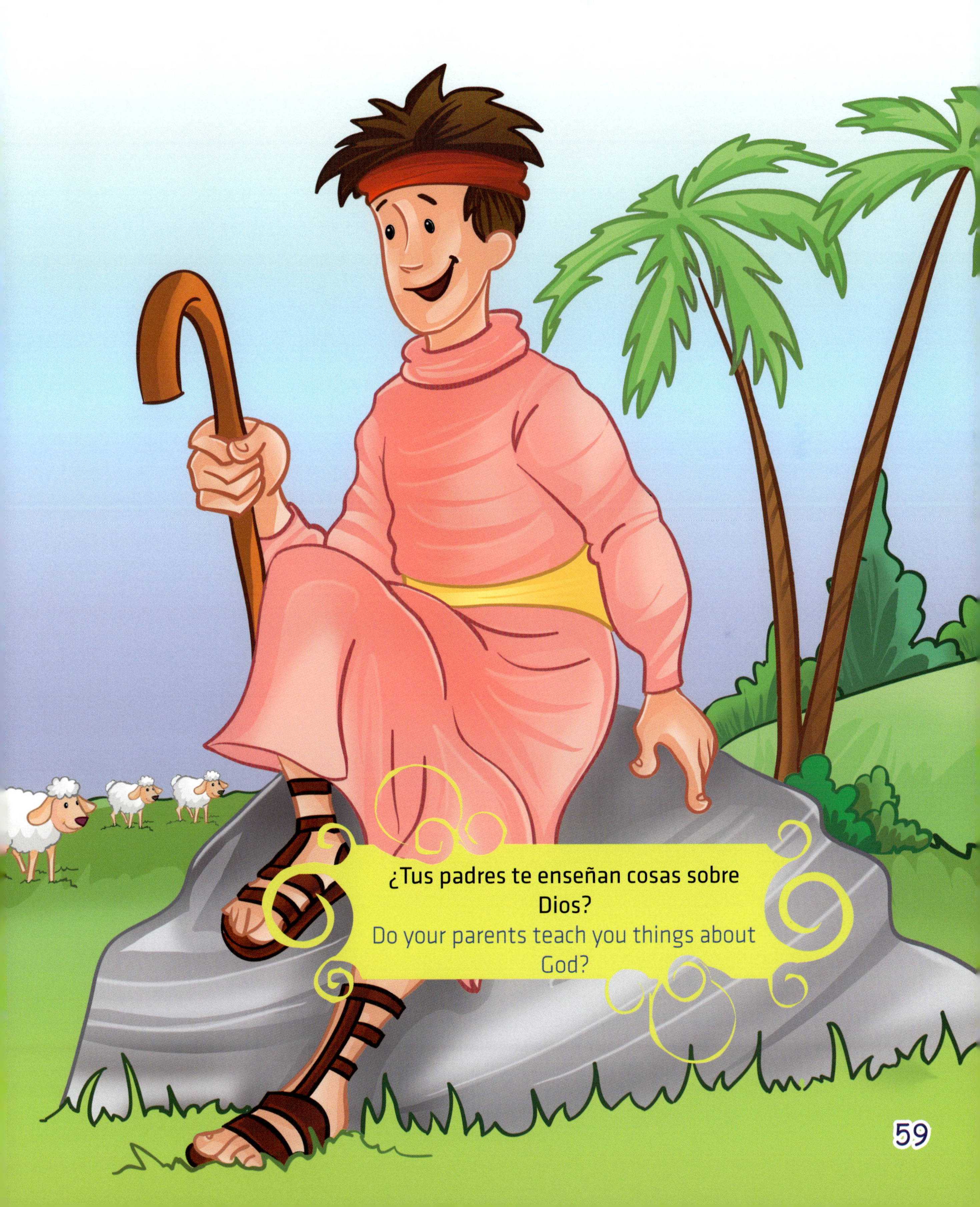
¿Tus padres te enseñan cosas sobre Dios?
Do your parents teach you things about God?

Como Isaac ya tenía edad para casarse, Abrahán le pidió a uno de sus sirvientes un favor muy, pero muy especial:

Isaac had now the appropriate age to get married.
So Abraham asked one of his servants a special favour:

“Ve al pueblo donde nací y trata de encontrar una buena mujer con quien Isaac pueda casarse”. Y para lograrlo, ¡debía atravesar el desierto!

“Go to the village where I was born. Try to choose a good woman with whom Isaac can marry”. To do so, the servant had to travel through the desert!

El sirviente llegó cansado, pero Rebeca, una hermosa joven del pueblo, sacó agua de un pozo para él y lo invitó a su casa a comer y a descansar.

The servant arrived very tired. Rebecca, a beautiful woman from the village, drew some water from the well and gave it to him. Then she invited him to her house in order to eat and rest.

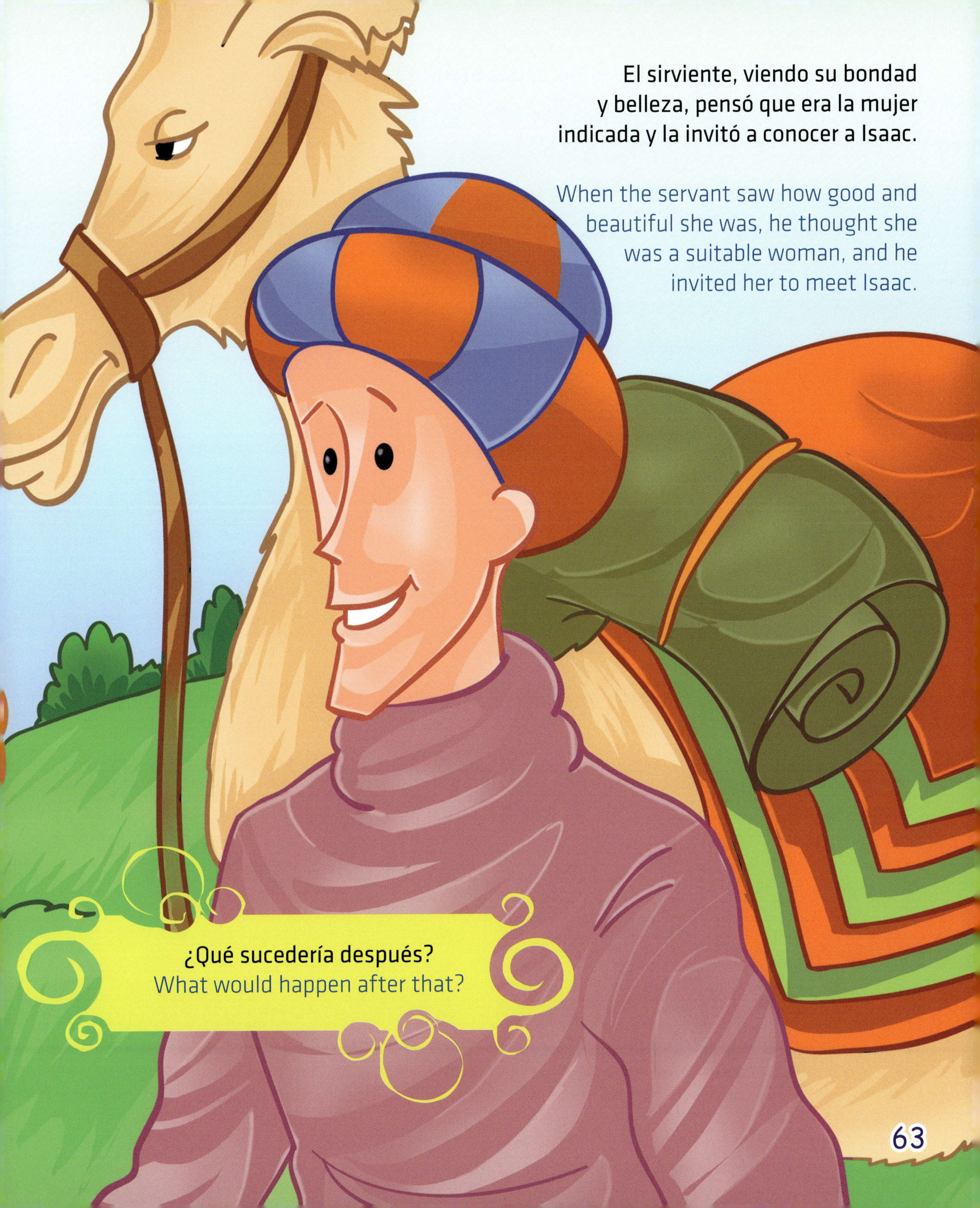

El sirviente, viendo su bondad y belleza, pensó que era la mujer indicada y la invitó a conocer a Isaac.

When the servant saw how good and beautiful she was, he thought she was a suitable woman, and he invited her to meet Isaac.

¿Qué sucedería después?
What would happen after that?

Apenas la vio, Isaac se enamoró de ella.
Pronto se casaron y tuvieron varios hijos,
y Abrahán se sentía feliz de ser abuelo.

As soon as Isaac saw her, he felt in love with her.
They got married and had several children, and
Abraham was very happy because he was now a grandfather.

También se sentía feliz porque Dios iba cumpliendo todas sus promesas: tenía una gran familia, sirvientes y tierras... ¡Había formado el Pueblo de Dios!

He was also happy because God was fulfilling all of his promises: he had a big family, some servants and lands... He had established the People of God!

A papá y mamá

José es un personaje bíblico en quien los niños pueden ver reflejados sus propios sufrimientos y preocupaciones; en efecto, ellos deben enfrentarse con frecuencia al dolor de las actitudes de sus hermanos mayores o de sus amigos, al igual que sienten más profundamente la soledad, y frente a toda situación conflictiva esperan y sueñan que la alegría de su hogar se restablezca. ¡QUÉ HERMANOS TAN ENVIDIOSOS! les ofrece la confianza y el valor para enfrentar cada situación, con la certeza de que, al final, con la ayuda de Dios, las relaciones serán restablecidas, y con ellas la alegría.

To mummy and daddy

Joseph is a biblical person in whom the children can see as reflected on their own sufferings and concerns; in effect, they must often deal with the pain of the attitudes of their older siblings or of their friends; and as they feel more deeply the loneliness and confront with all the conflicting situation, they hope and dream that the joy of their home will be restored. WHAT SO ENVIOUS BROTHERS! gives them the confidence and the courage to face every situation, with the certainty that, in the end, with the help of God, relationships will be established, and with them comes joy.

¡QUÉ HERMANOS TAN ENVIDIOSOS!
WHAT SO ENVIOUS BROTHERS!

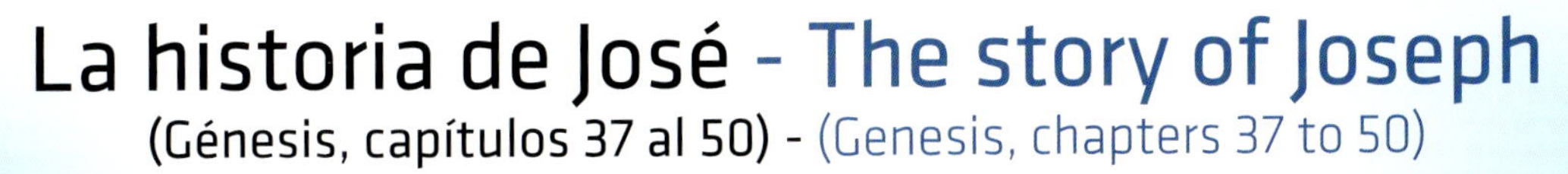

La historia de José - The story of Joseph
(Génesis, capítulos 37 al 50) - (Genesis, chapters 37 to 50)

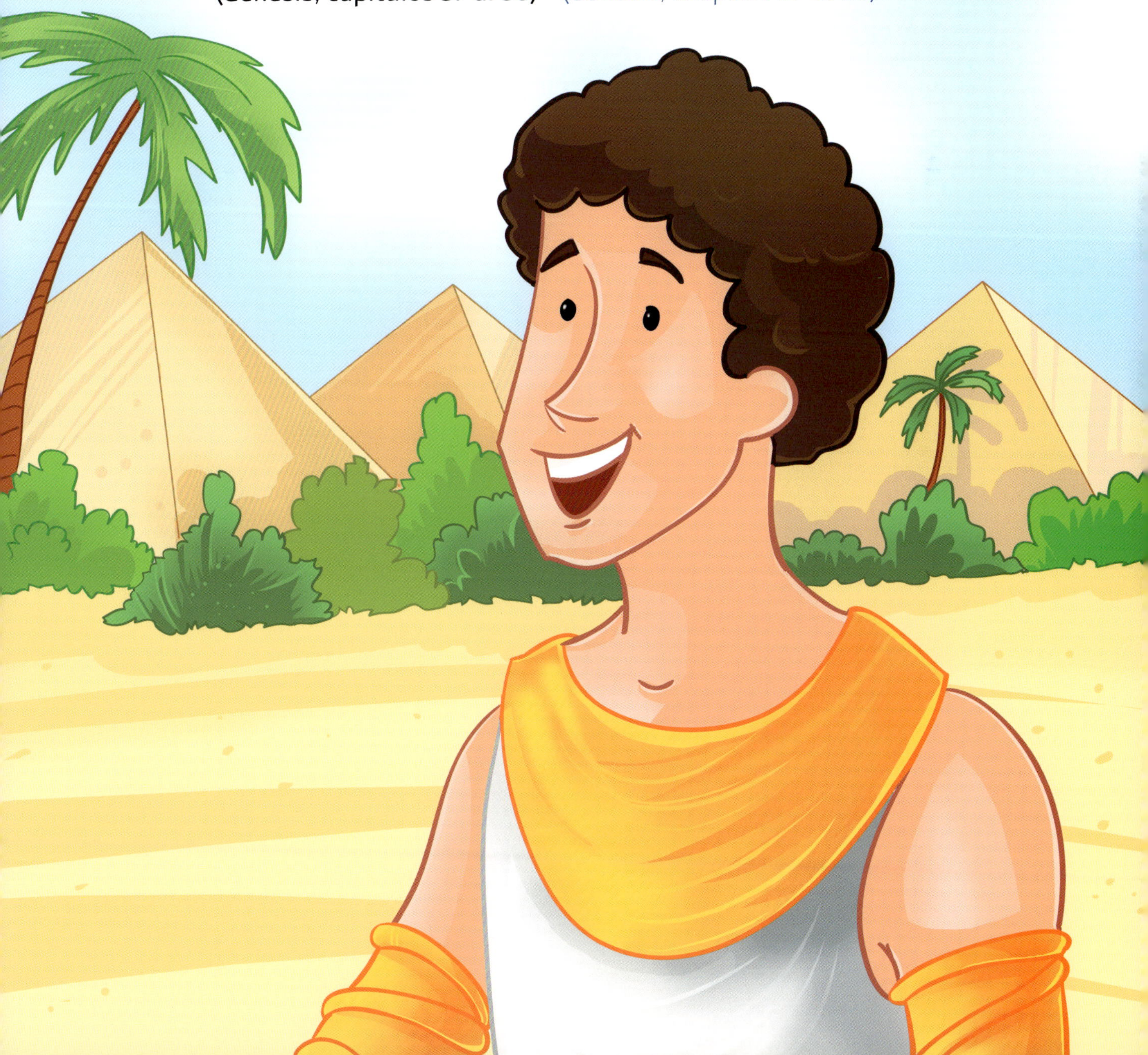

José era un buen muchacho a quien su padre quería mucho; por eso un día le regaló una hermosa túnica nueva.

Joseph was a good boy. His father loved him very much. That is why he gave him a pretty new coat one day.

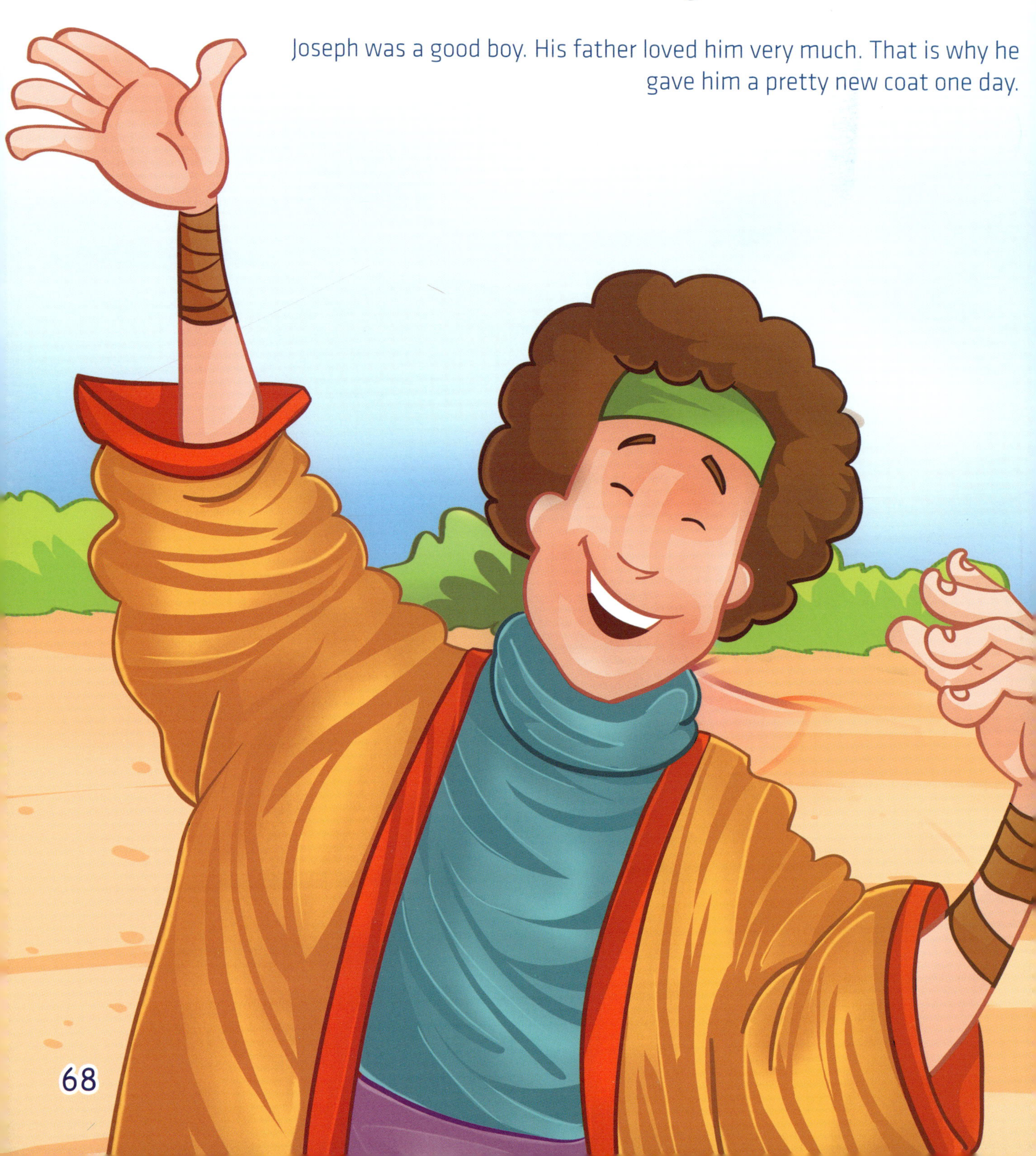

José saltaba de alegría, pero sus hermanos, envidiosos, empezaron a planear cómo quitársela.

Joseph was very happy, but his brothers, who envied him, planned how they could take it from him.

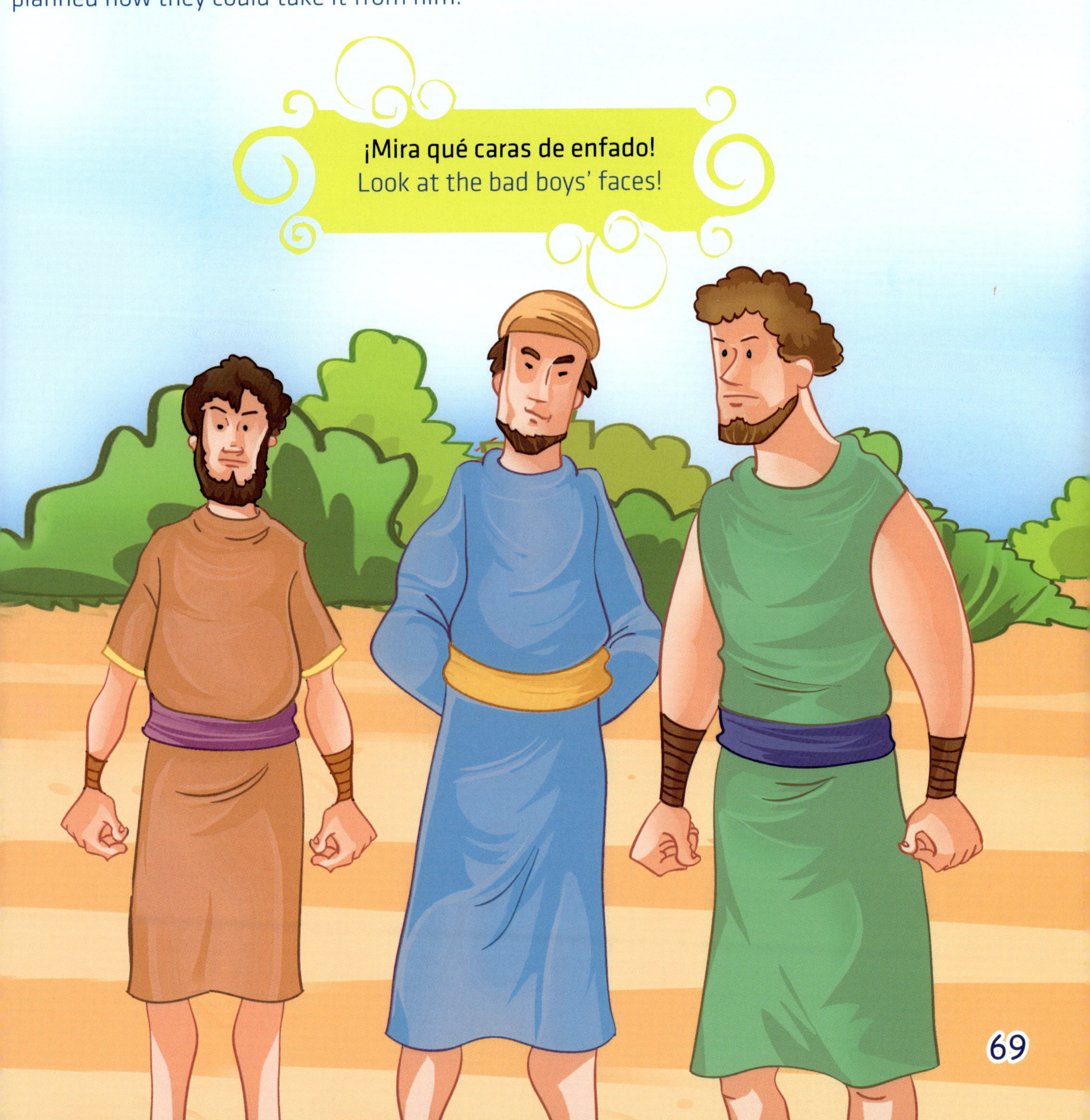

¡Mira qué caras de enfado!
Look at the bad boys' faces!

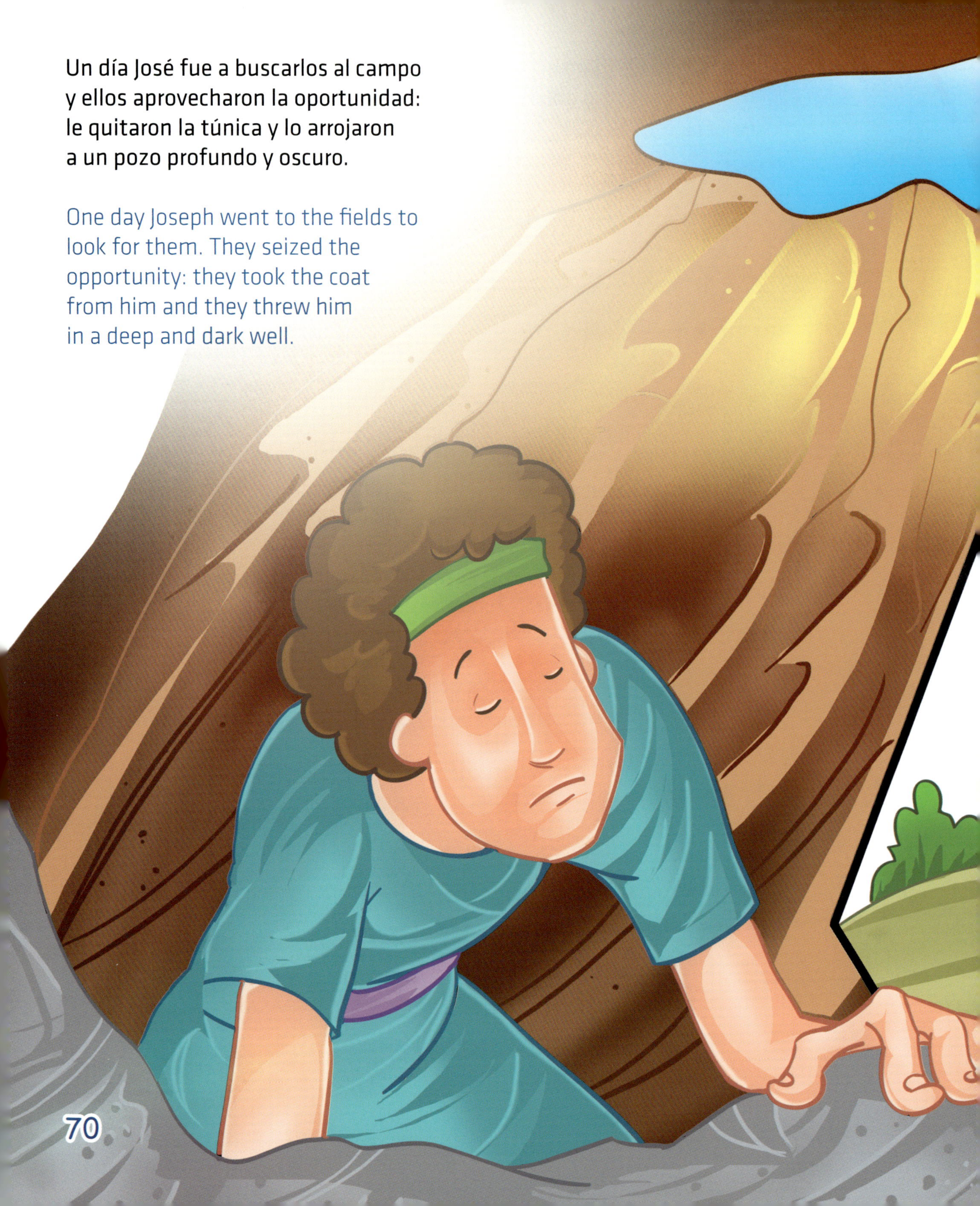

Un día José fue a buscarlos al campo y ellos aprovecharon la oportunidad: le quitaron la túnica y lo arrojaron a un pozo profundo y oscuro.

One day Joseph went to the fields to look for them. They seized the opportunity: they took the coat from him and they threw him in a deep and dark well.

Como pasaban cerca unos viajeros, los hermanos enviaron a José con una caravana que llevaba mercancías para Egipto.

Some travellers were passing by. The brothers sent Joseph to a caravan which was taking some goods down to Egypt.

José estaba muy triste por encontrarse lejos de su padre y solo pensaba en la forma de regresar.

Joseph was very sad because he was far away from his father. If only he could think of a way to come back.

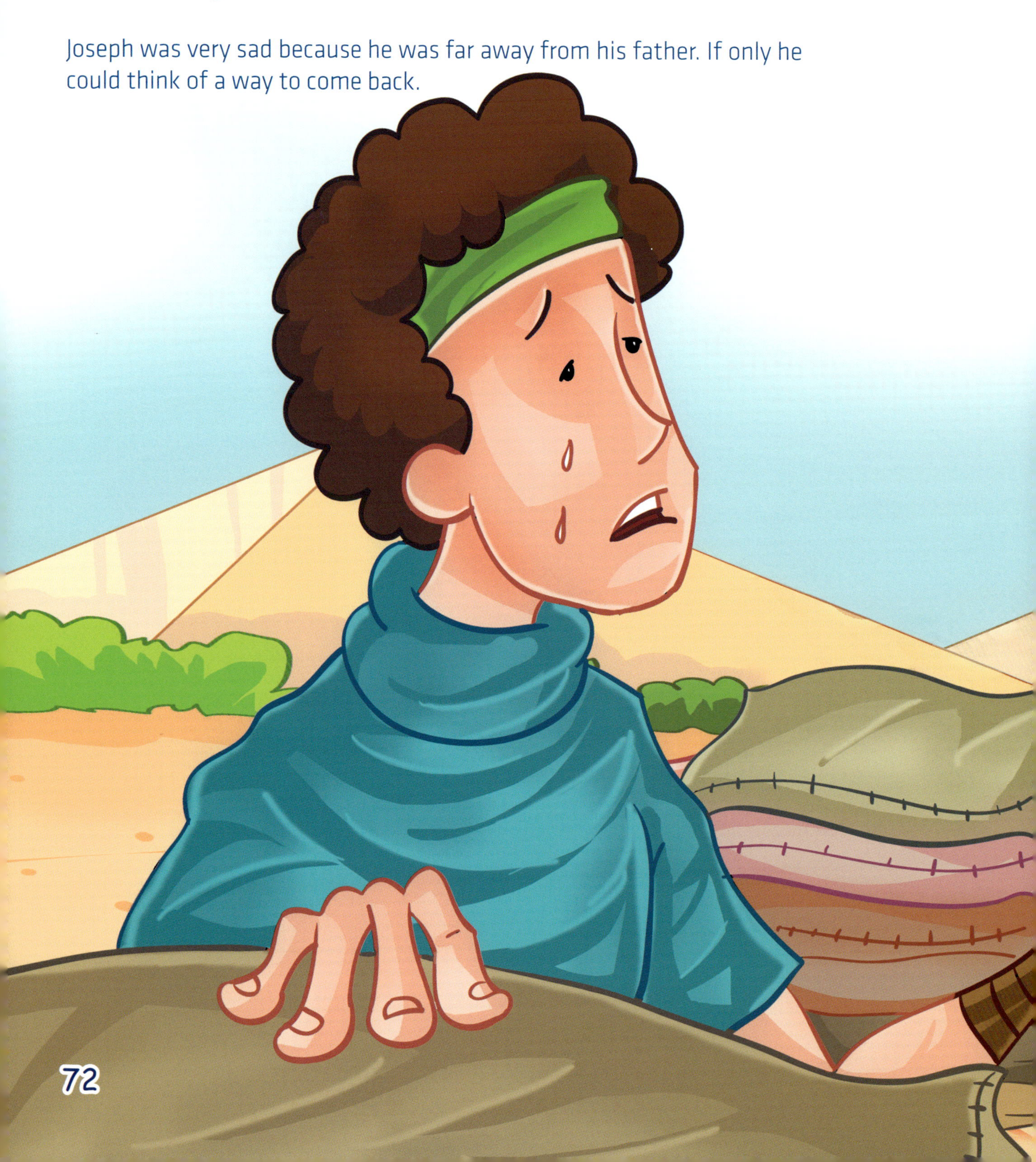

Oraba a Dios todos los días pidiéndole ayuda para volver a casa, pero Dios tenía otros planes para él...

He prayed to God every day, asking for help to get back home; but God had different plans for him...

¡Fíjate cómo lloraba José de tristeza!
Look how sad Joseph cried!

Dios envió a José con un mensaje para el Faraón:
"Siete años habrá mucha comida y otros siete no habrá qué comer".

God sent Joseph with a message to the Pharaoh:
"There will be seven years of plenty of food, followed by seven years without food".

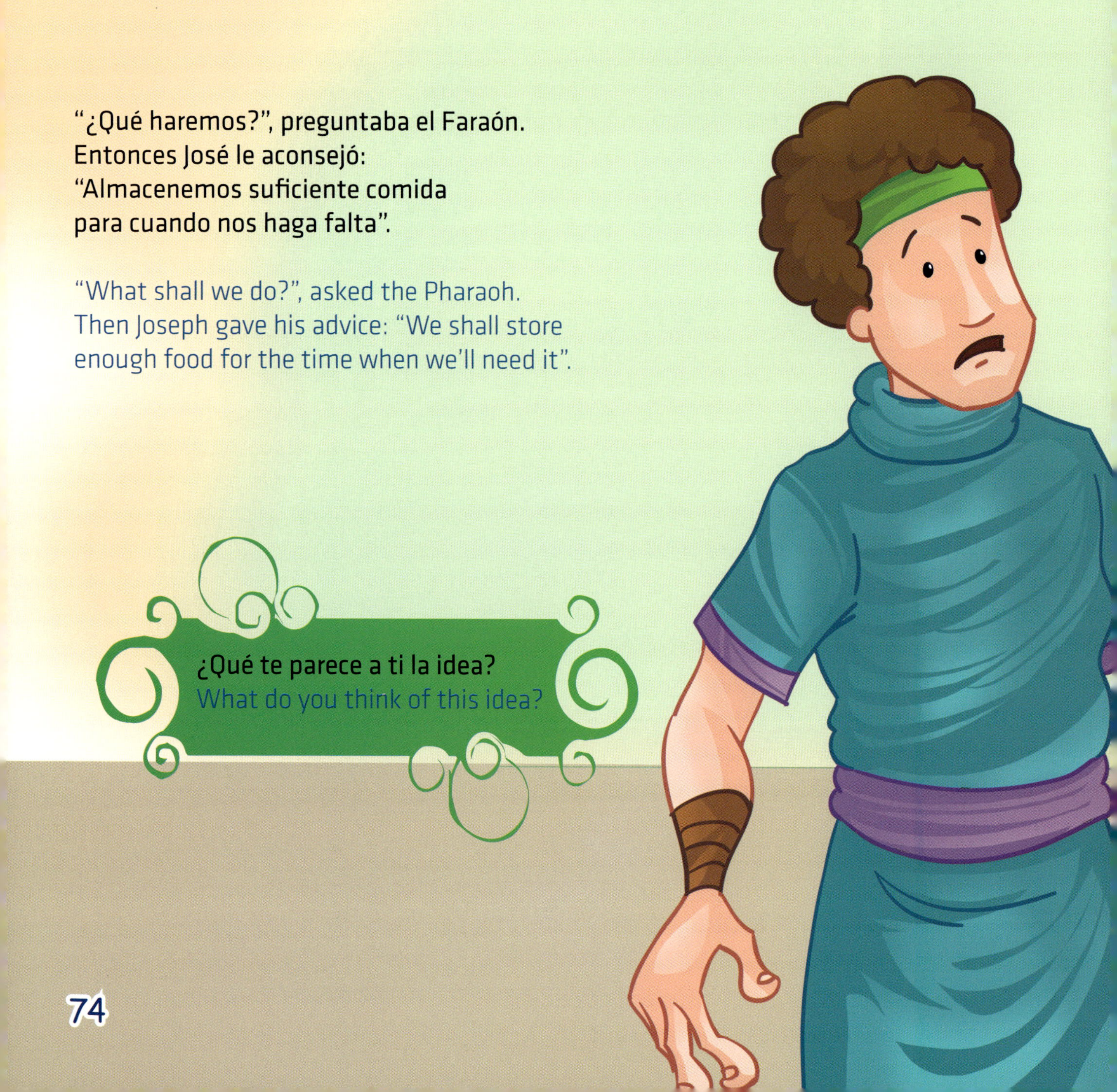

"¿Qué haremos?", preguntaba el Faraón.
Entonces José le aconsejó:
"Almacenemos suficiente comida
para cuando nos haga falta".

"What shall we do?", asked the Pharaoh.
Then Joseph gave his advice: "We shall store
enough food for the time when we'll need it".

¿Qué te parece a ti la idea?
What do you think of this idea?

Al Faraón le pareció buena idea
y lo nombró administrador del reino.

The Pharaoh was very pleased with this
idea, and he put him in charge of the
land of Egypt.

Ahora José era un hombre importante
y todos los egipcios debían obedecerle.

Joseph was now an important man,
and every Egyptian had to obey him.

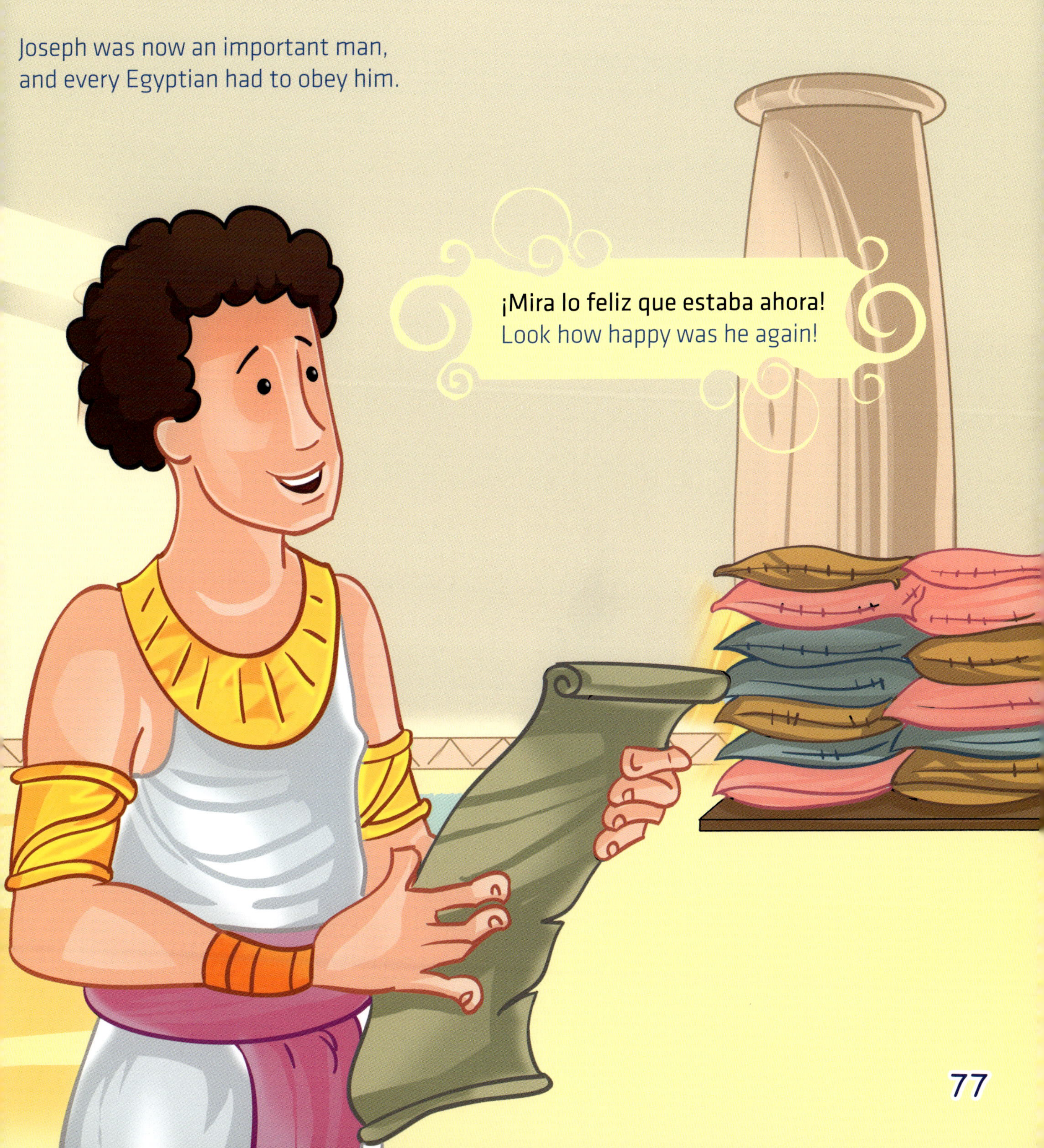

¡Mira lo feliz que estaba ahora!
Look how happy was he again!

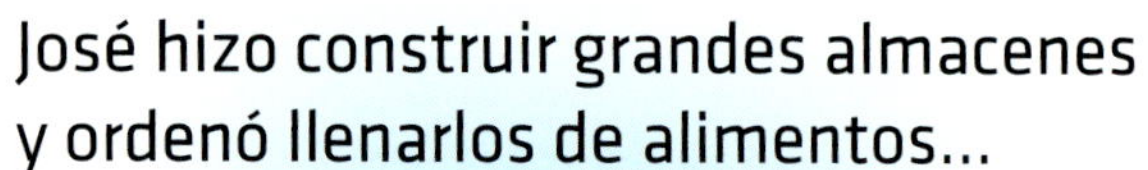

José hizo construir grandes almacenes
y ordenó llenarlos de alimentos...

Joseph ordered the construction of many cellars.
He commanded to fill them with food...

¿Para quién decidió
guardarlos?
For whom did he want
to store them?

Siete años después empezó a faltar comida y José comenzó a distribuir las reservas para que todos pudieran comer. ¡Todos los egipcios estaban contentos!

Seven years later the lack of food began. Joseph started to distribute the food that had been gathered, so everyone could eat. All the Egyptians were happy!

Cuando faltó comida en otros países,
empezaron todos a viajar a Egipto,
buscando la ayuda de José.

When the lack of food began in other
countries, a lot of people started travelling to Egypt,
seeking for Joseph's help.

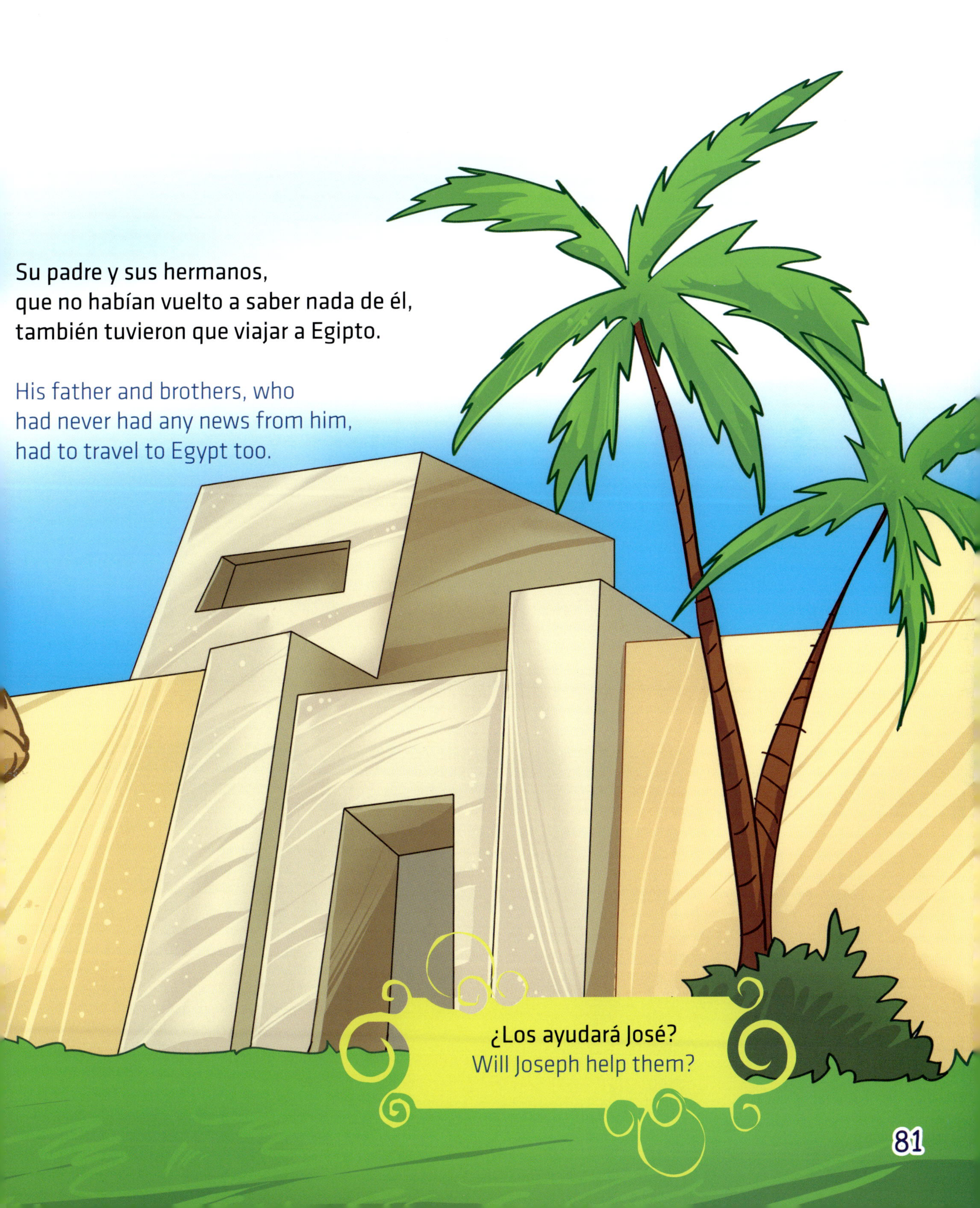

Su padre y sus hermanos,
que no habían vuelto a saber nada de él,
también tuvieron que viajar a Egipto.

His father and brothers, who
had never had any news from him,
had to travel to Egypt too.

¿Los ayudará José?
Will Joseph help them?

Cuando llegaron, no reconocieron a José, porque había pasado mucho tiempo. José sí los reconoció y gritó: "¡Hermanos!", y fue corriendo a abrazarlos.

When they arrived, they didn't recognize Joseph, because a long time had passed, but he recognized them, and shouted: "Brothers!". And he went to hug them.

Sus hermanos se quedaron muy preocupados, pensando que José se vengaría y los castigaría en lugar de darles comida.

His brothers were very scared, thinking Joseph was going to take revenge and to punish them, instead of giving them food.

Pero José los perdonó y, además,
los invitó a vivir en su casa.
Estaba feliz de ayudar a su familia
y de volver a ver a su padre.

But Joseph forgave them.
Furthermore, he invited them
to live in his house. He was very happy
to help his family and to see his father again.

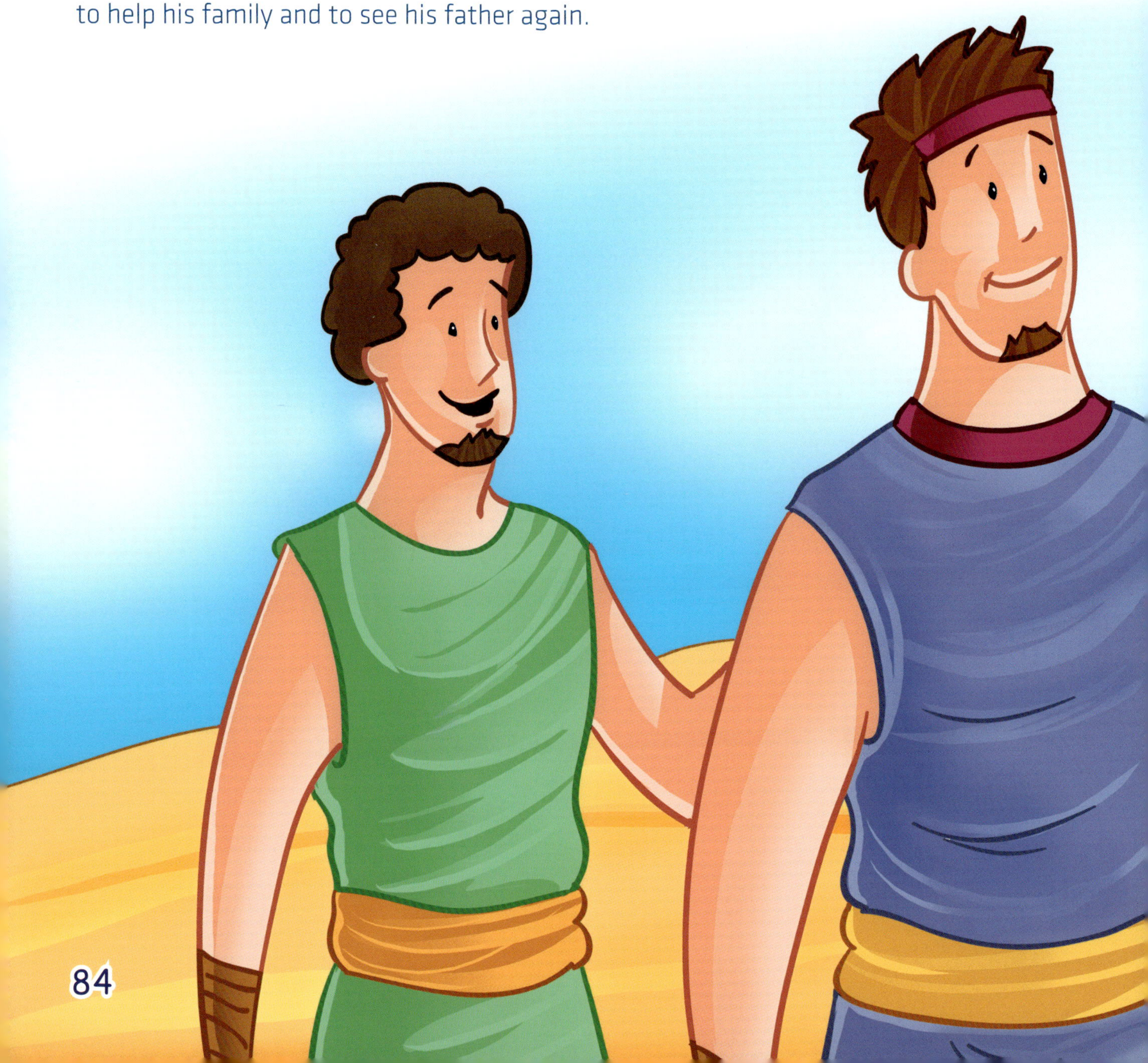

José entendió que había sido Dios quien lo había llevado a Egipto, para poder ahora salvar a su familia, ¡y sonrió satisfecho!

Joseph understood it was God who had taken him to Egypt, so he could save now his family. And he was very happy again!

A papá y mamá

Y EL MAR SE DIVIDIÓ...; en la historia de Moisés los niños podrán descubrir a uno de los personajes principales de la historia de nuestra fe y conocer los extraordinarios acontecimientos de los que es testigo: el paso del mar Rojo y la entrega de las tablas de la Ley; al mismo tiempo, maravillados con los prodigios que Dios obra a favor de su Pueblo, podrán sentir su permanente presencia y especial cuidado, motivando así su propio crecimiento y respuesta de fe.

To mummy and daddy

AND THE WATERS DIVIDED...; in the history of Moses, the children will be able to discover one of the principal figures in the history of our faith and to know the extraordinary events of which he is the witness: the crossing of the Red Sea and the handing over of the tables of the Law; at the same time, amazed with the wonders that God works in favour of His people, they will be able to feel His permanent presence and special care, motivating their own growth and response of faith.

Y EL MAR SE DIVIDIÓ...
AND THE WATERS DIVIDED...

La historia de Moisés - The story of Moses

(Éxodo, capítulos 3 al 20) - (Exodus, chapters 3 to 20)

Pastoreando sus ovejas por el desierto,
Moisés vio un día una zarza ardiendo,
se acercó con cuidado y...
¡la zarza le habló!

One day, while Moses was
shepherding his flock
through the desert,
he saw a bush burning.
He came closer and...
the bush spoke to him!

¿Te imaginas el susto de Moisés?
Can you imagine how scared
Moses was?

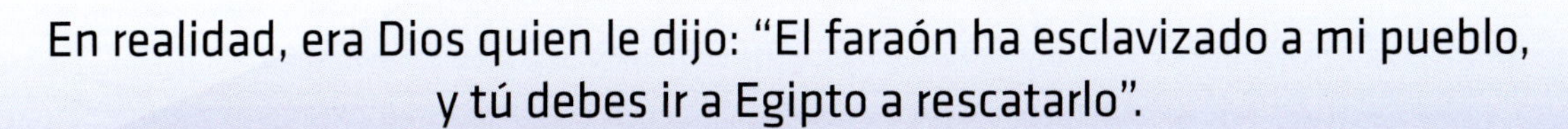

En realidad, era Dios quien le dijo: "El faraón ha esclavizado a mi pueblo, y tú debes ir a Egipto a rescatarlo".

Actually, it was God, who told him: "The Pharaoh had oppressed my people. You have to go to Egypt and rescue them".

Aunque era una misión muy difícil,
Moisés fue a pedirle al faraón
que dejara libre al pueblo de Dios.

Although it was a very difficult task,
Moses went before the Pharaoh and
asked him to free God's people.

¡Qué valiente era Moisés!, ¿verdad?
Moses was very brave, wasn't he?

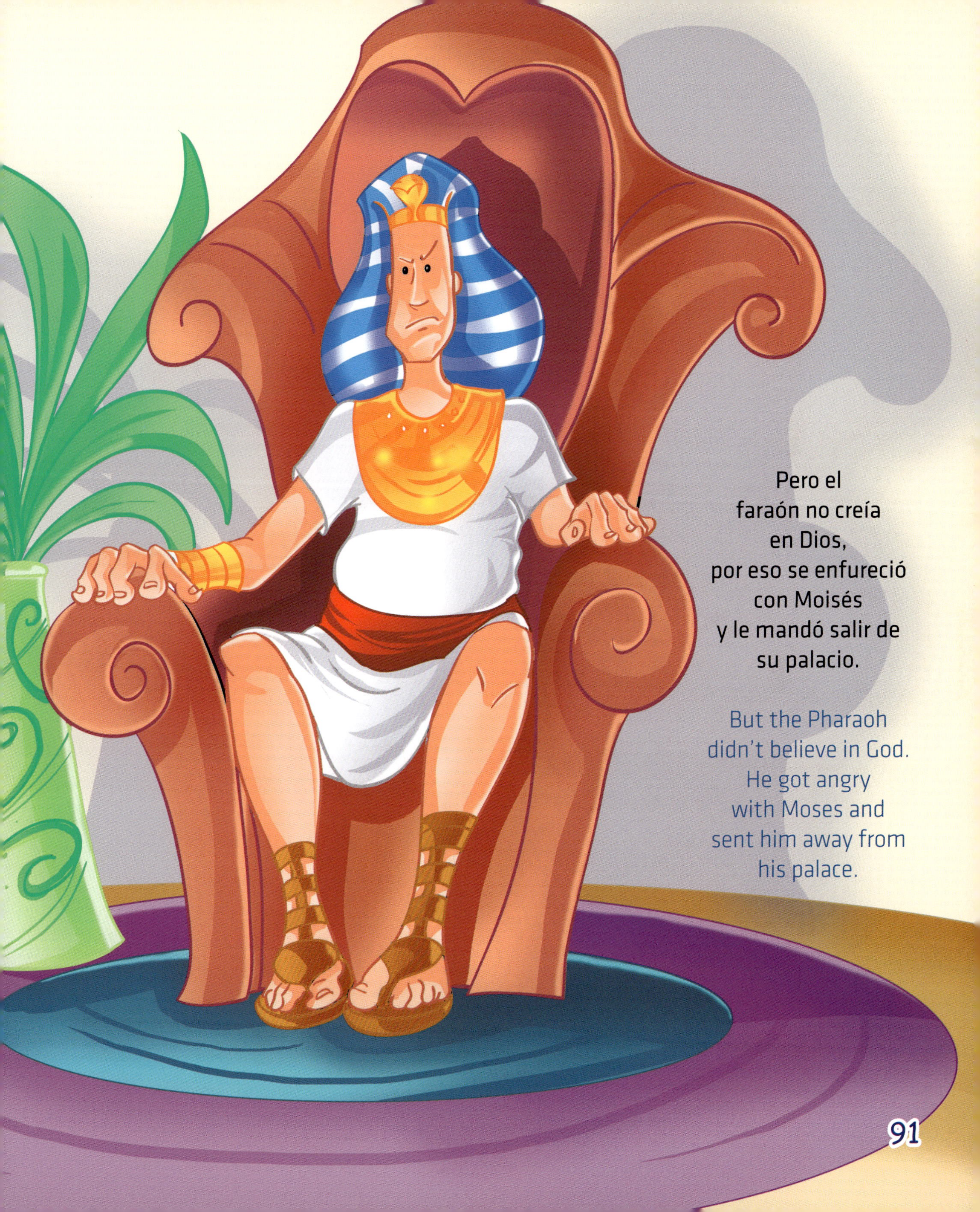

Pero el
faraón no creía
en Dios,
por eso se enfureció
con Moisés
y le mandó salir de
su palacio.

But the Pharaoh
didn't believe in God.
He got angry
with Moses and
sent him away from
his palace.

Por no escuchar a Moisés,
Dios envió a los egipcios
muchos animales molestos:

Because they didn't listen
to Moses, God sent many
annoying animals to the Egyptians:

¡Saltaban ranas por todas partes, las langostas se comían los sembrados y miles de mosquitos zumbaban alrededor de los egipcios!

There were frogs jumping everywhere, the locusts ate all the crops and thousands of mosquitoes were buzzing around the Egyptians!

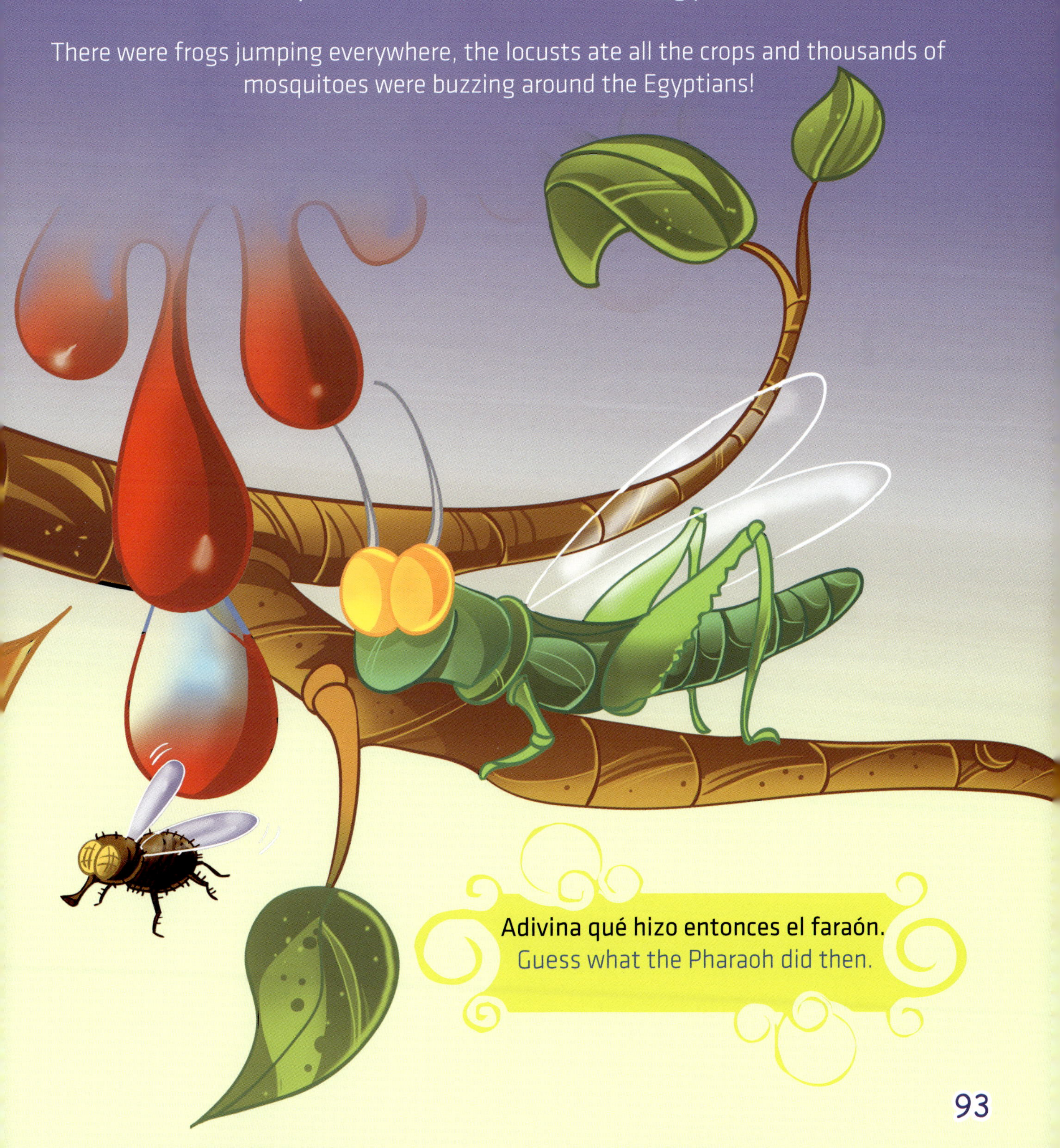

Adivina qué hizo entonces el faraón.
Guess what the Pharaoh did then.

El faraón, desesperado, los dejó por fin libres. Salió Moisés de Egipto con el Pueblo de Dios formando una larga, muy larga caravana...

The Pharaoh, helpless, freed God's people at last. Moses and God's people went out from Egypt. There was a very long caravan...

Dios guiaba sus pasos por el desierto con una elevada columna de nube que iba avanzando delante de ellos.

God guided their steps through the desert, with a pillar of cloud before them.

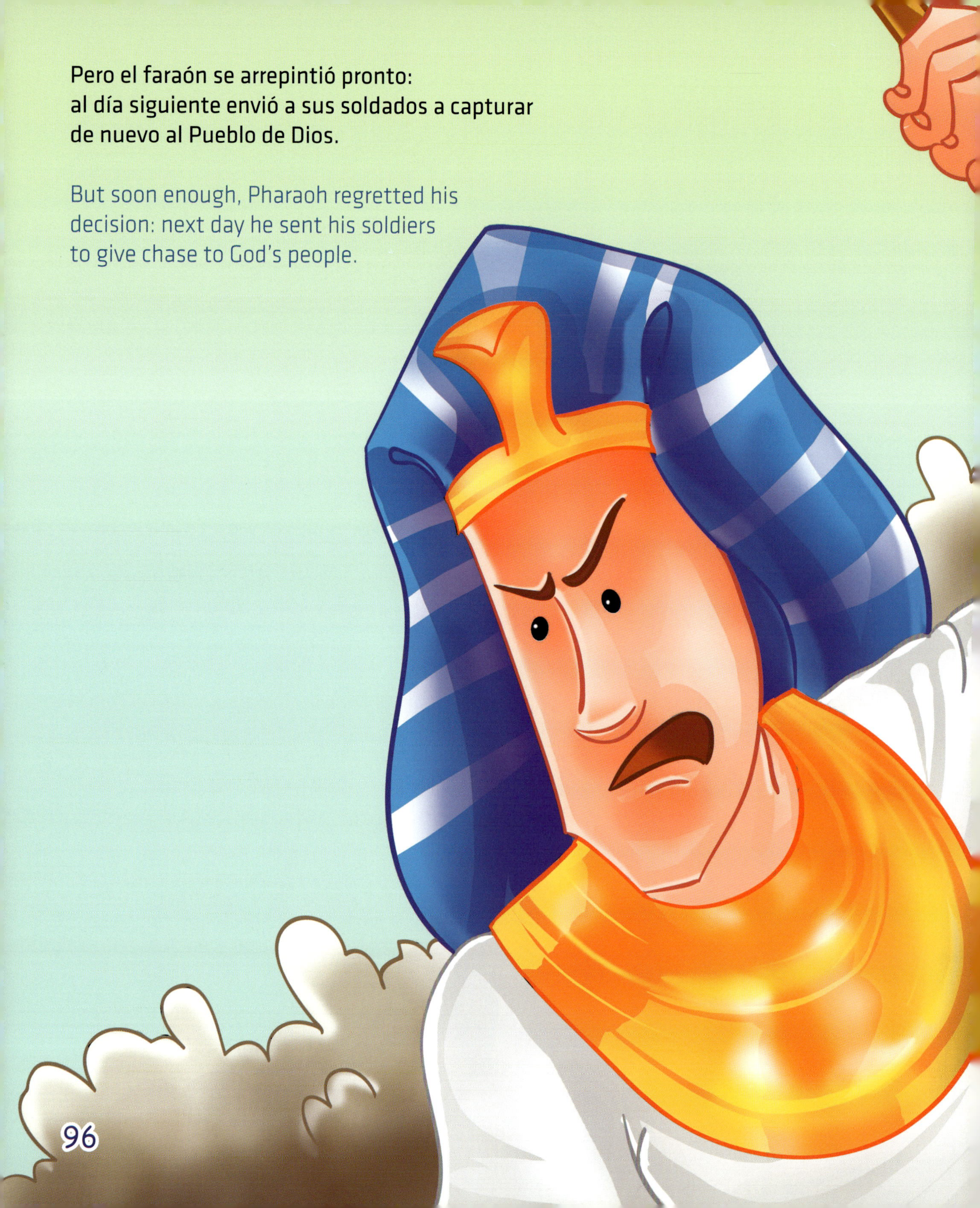

Pero el faraón se arrepintió pronto:
al día siguiente envió a sus soldados a capturar
de nuevo al Pueblo de Dios.

But soon enough, Pharaoh regretted his
decision: next day he sent his soldiers
to give chase to God's people.

En grandes carretas y con muchas armas iban los soldados persiguiendo al pueblo para devolverlo a la esclavitud.

The Egyptian soldiers, with big chariots and army, marched to chase the people and enslave them again.

¿Conseguirán darles alcance?
Will they catch up with them?

El Pueblo de Dios llegó hasta el mar Rojo, pero no tenían barcos para atravesarlo y ya estaban cerca los soldados egipcios.

The People of God reached the Red Sea, but they have no boats to cross it. And the Egyptian soldiers were very near.

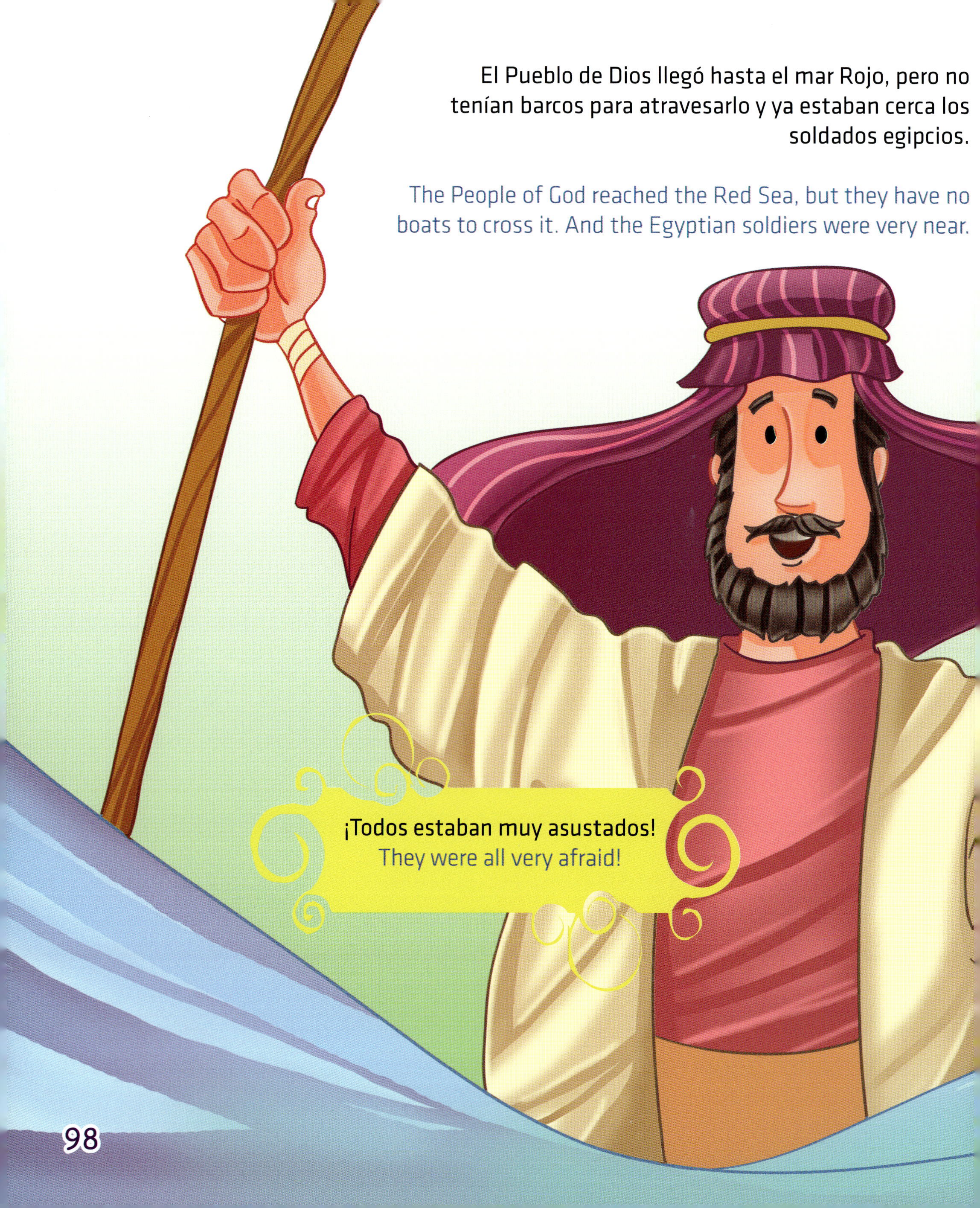

¡Todos estaban muy asustados!
They were all very afraid!

Moisés oró, pidiendo a Dios por el pueblo, y luego tocó el mar con su bastón: ¡el mar se dividió formando un sendero y el pueblo pudo pasar caminando!

Moses prayed to God to save his people, then he touched the sea with his staff: the sea parted, formed a path and the people could cross it on foot.

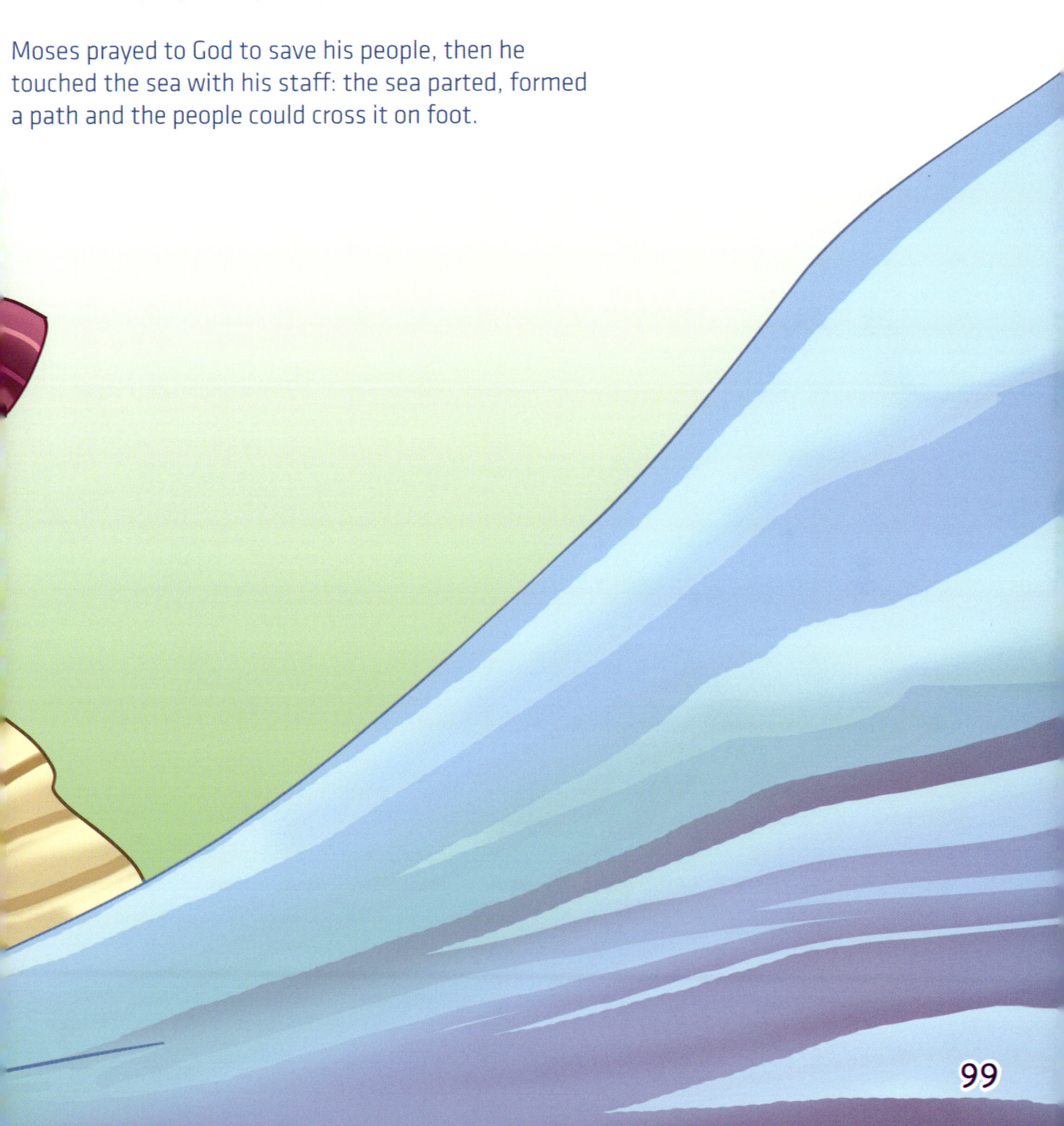

Dos muros de agua les rodearon hasta llegar todos a la otra orilla, y cuando empezaron a pasar los soldados... ¡Zas! ¡El agua les cayó encima!

Muy feliz de ser el Pueblo de Dios y de ser testigos de tales prodigios, ninguno dejó de cantar aquel día.

Two walls of water surrounded them until all of them were on the other shore. When the soldiers started to cross... the water came over them!

They were very happy to be the People of God and to be able to see those miracles. None of them stopped chanting that day.

¡Dios también cuida siempre de ti!
God always looks after you too!

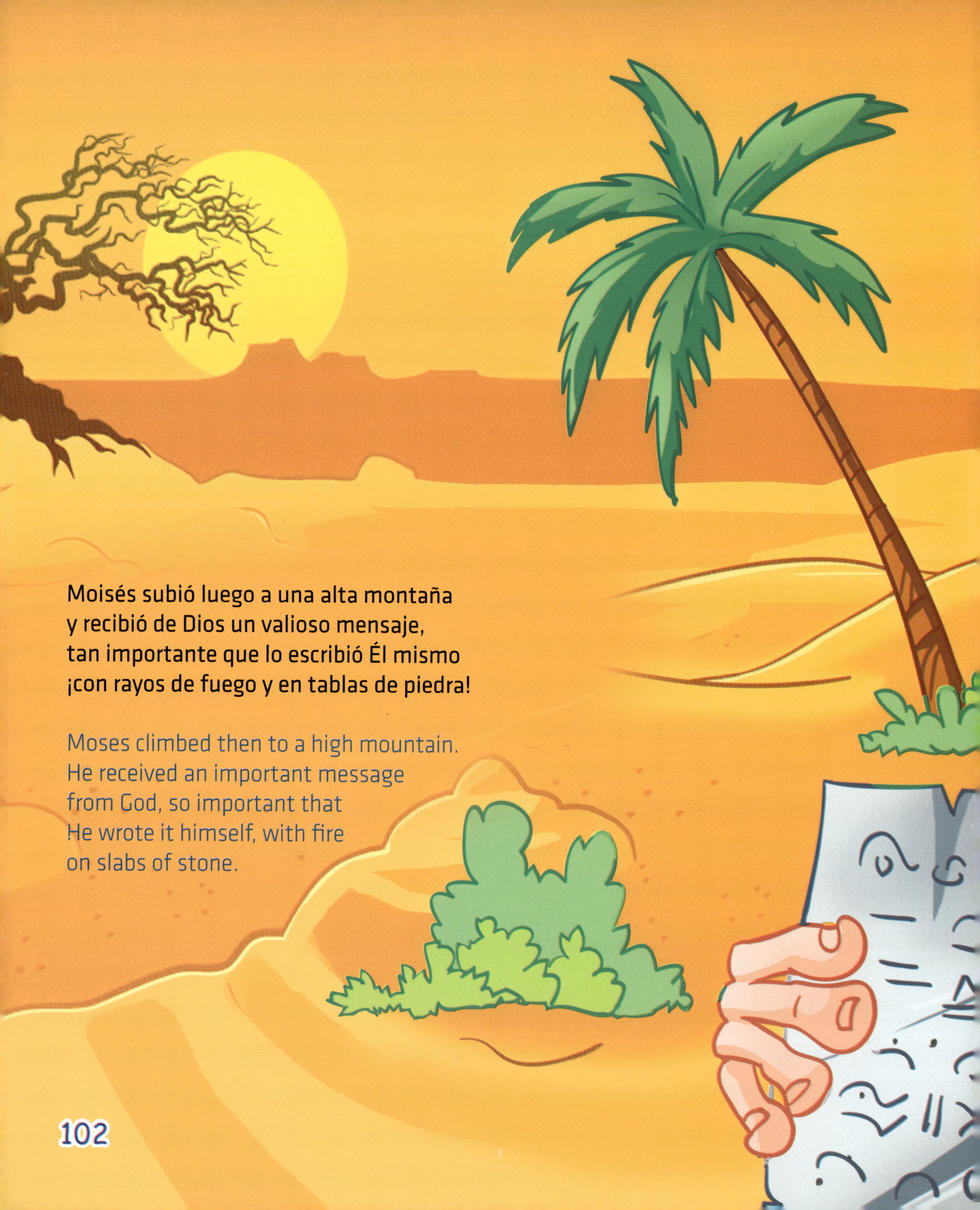

Moisés subió luego a una alta montaña
y recibió de Dios un valioso mensaje,
tan importante que lo escribió Él mismo
¡con rayos de fuego y en tablas de piedra!

Moses climbed then to a high mountain.
He received an important message
from God, so important that
He wrote it himself, with fire
on slabs of stone.

Allí les decía que debían amar a Dios mucho, por encima de todo, y a las demás personas.

God said they had to love God above all, and to love all the people.

A papá y mamá

Los niños encuentran particular emoción al conocer la historia de David, cuyo arrojo y valentía les ofrece parámetros para enfrentarse a un mundo que en ocasiones les resulta demasiado difícil o peligroso. DE PASTOR A REY, la historia de David, les presenta este personaje bíblico, haciendo especial énfasis en que sus victorias radican más en su activa confianza en Dios que en sus propias fuerzas, llevando así a una gradual comprensión de que sólo colocando en manos de Dios nuestros esfuerzos y sacrificios podemos cumplir nuestros sueños.

To mummy and daddy

The children encounter particular excitement to learn about the history of David, whose boldness and valour offer them parameters to face a world that sometimes they seem so difficult and dangerous. A SHEPHERD BECOMES A KING, the story of David, presents them this biblical character, making special emphasis in which his victories are much situated in his active trust in God, thus leading to a gradual comprehension by placing in the hands of God our efforts and sacrifices that we may be able to fulfill our dreams.

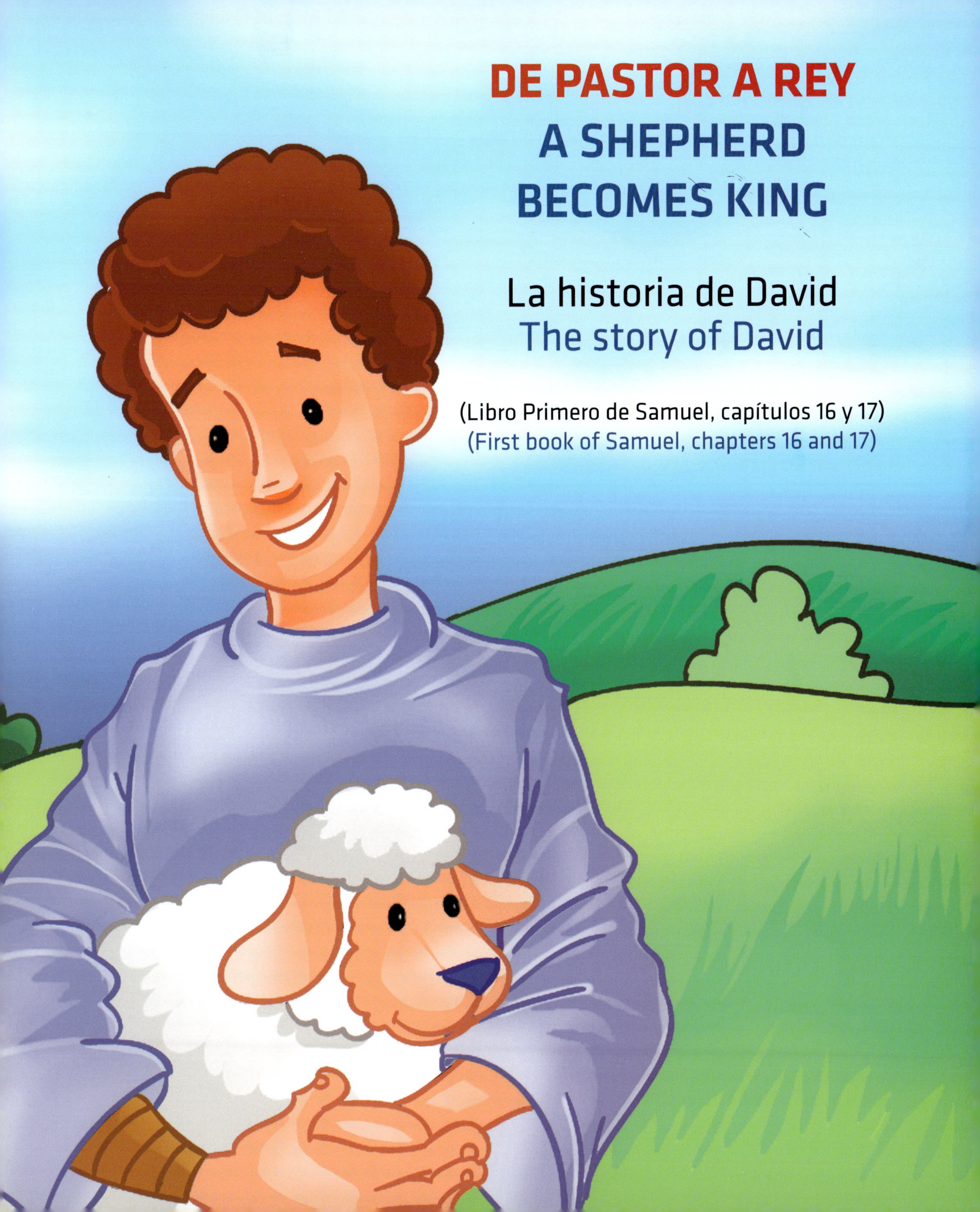
DE PASTOR A REY
A SHEPHERD BECOMES KING
La historia de David
The story of David
(Libro Primero de Samuel, capítulos 16 y 17)
(First book of Samuel, chapters 16 and 17)

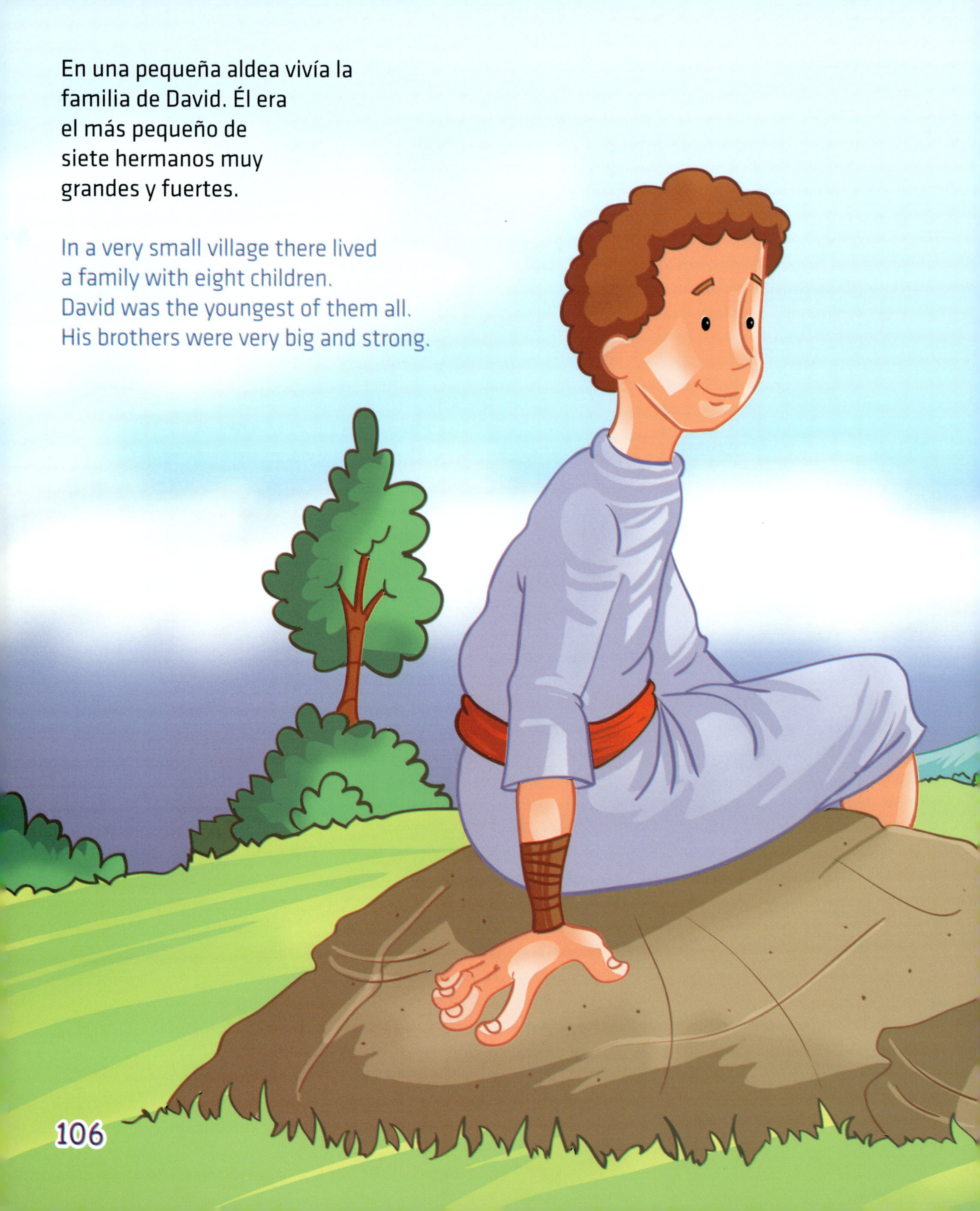

En una pequeña aldea vivía la
familia de David. Él era
el más pequeño de
siete hermanos muy
grandes y fuertes.

In a very small village there lived
a family with eight children.
David was the youngest of them all.
His brothers were very big and strong.

Los tres hermanos mayores se fueron al ejército
y los demás trabajaban en la granja;
David, en cambio, por ser tan pequeño,
se quedaba solo, sin saber qué hacer.

The three oldest went to the army, the rest of
them worked in the farm;
David, on the other hand, was so little,
that he rested alone, not knowing what to do.

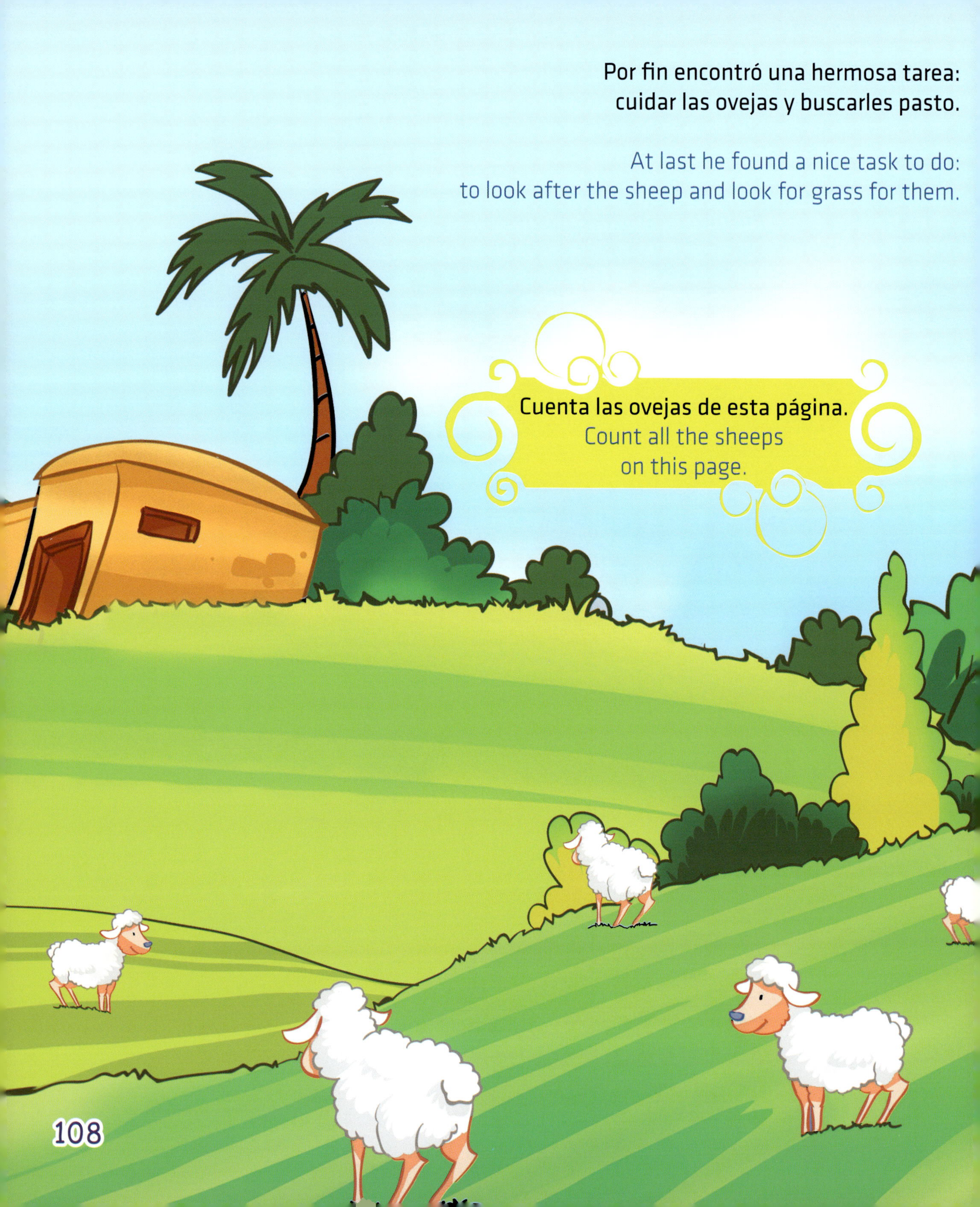

Por fin encontró una hermosa tarea:
cuidar las ovejas y buscarles pasto.

At last he found a nice task to do:
to look after the sheep and look for grass for them.

Cuenta las ovejas de esta página.
Count all the sheeps
on this page.

Y mientras comían,
tocaba en su cítara hermosas
canciones dedicadas a Dios.

While they grazed,
he played beautiful songs
to God with his zither.

Un día, viendo a David tan pequeño,
un león quiso comerse una oveja...

One day, seeing that David was so small,
a lion went by to eat a sheep...

David se dio cuenta y, muy decidido,
se enfrentó valientemente al león,
salvando de sus garras a la oveja.

David noticed that and, very bravely, he
confronted the lion. He saved the sheep
from the lion's claws.

Otro día se encontró con un oso
que, creyéndose más fuerte y salvaje,
atacó a David y a su rebaño.

One day he found a bear.
The bear thought he was stronger and wilder
than the boy, so he attacked him and his flock.

David se defendió con su honda
y también esta vez salió victorioso,
obligando al oso a salir huyendo.

David defended himself with his sling.
This time he won as well, and he made
the bear run away.

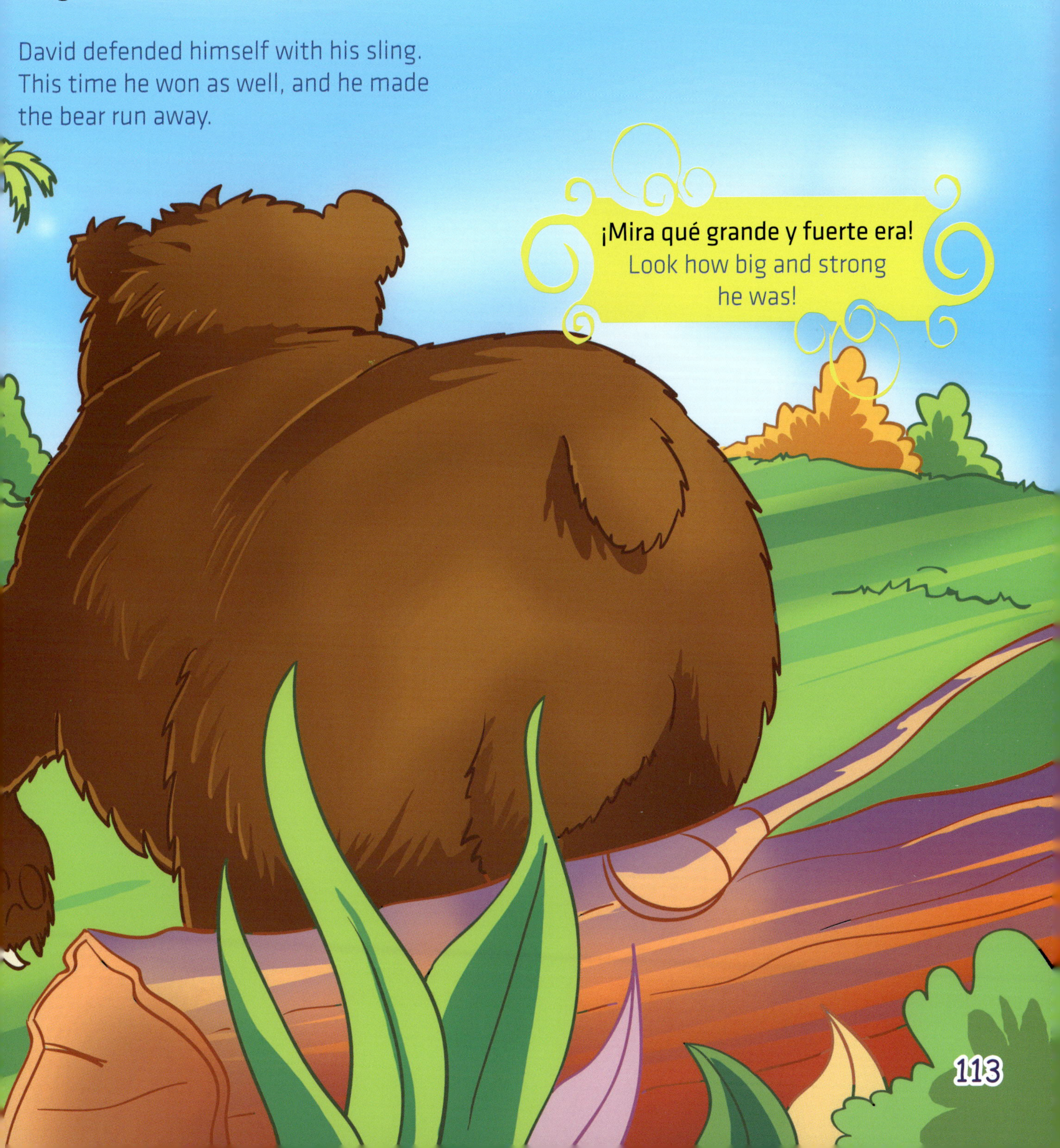

¡Mira qué grande y fuerte era!
Look how big and strong
he was!

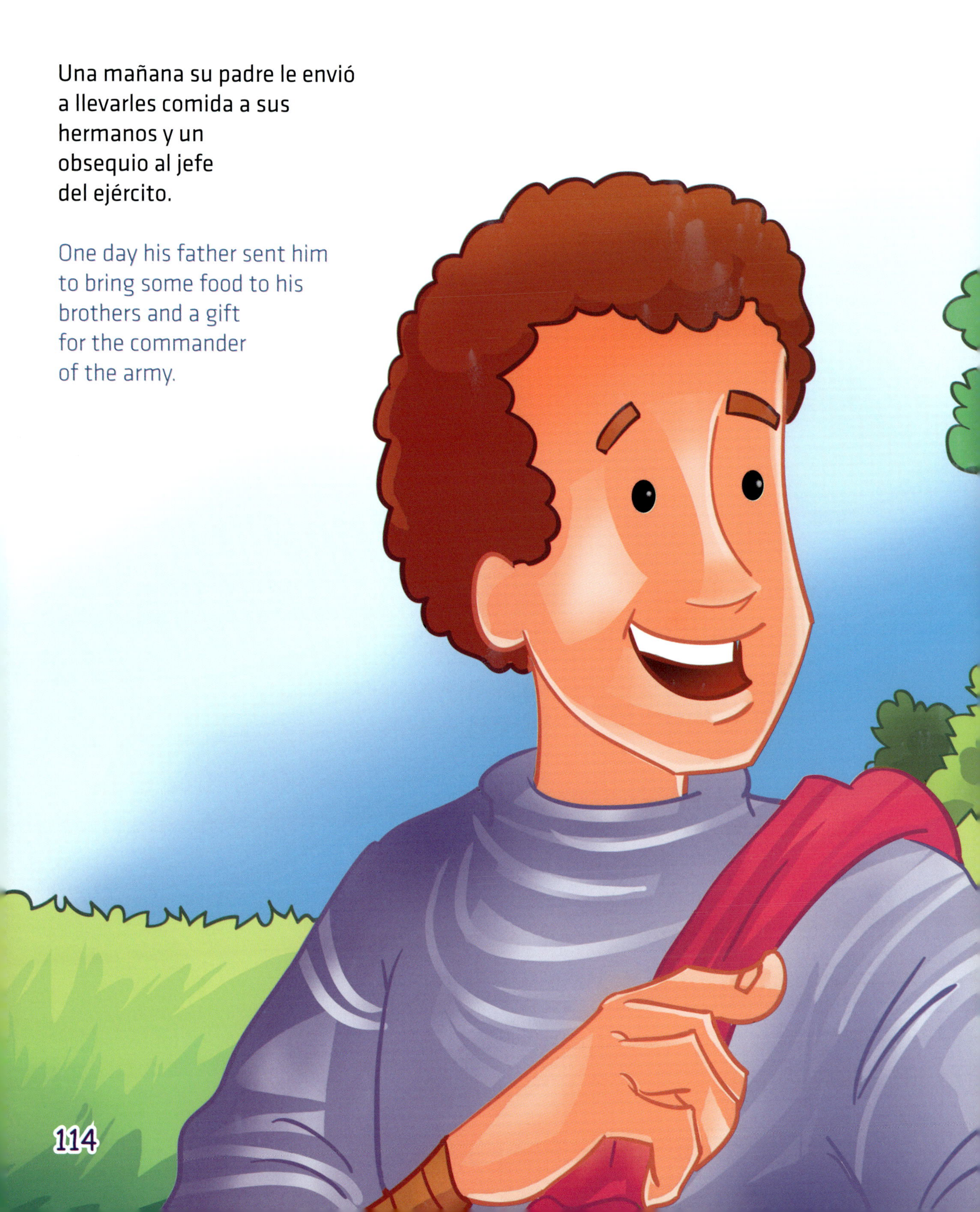

Una mañana su padre le envió a llevarles comida a sus hermanos y un obsequio al jefe del ejército.

One day his father sent him to bring some food to his brothers and a gift for the commander of the army.

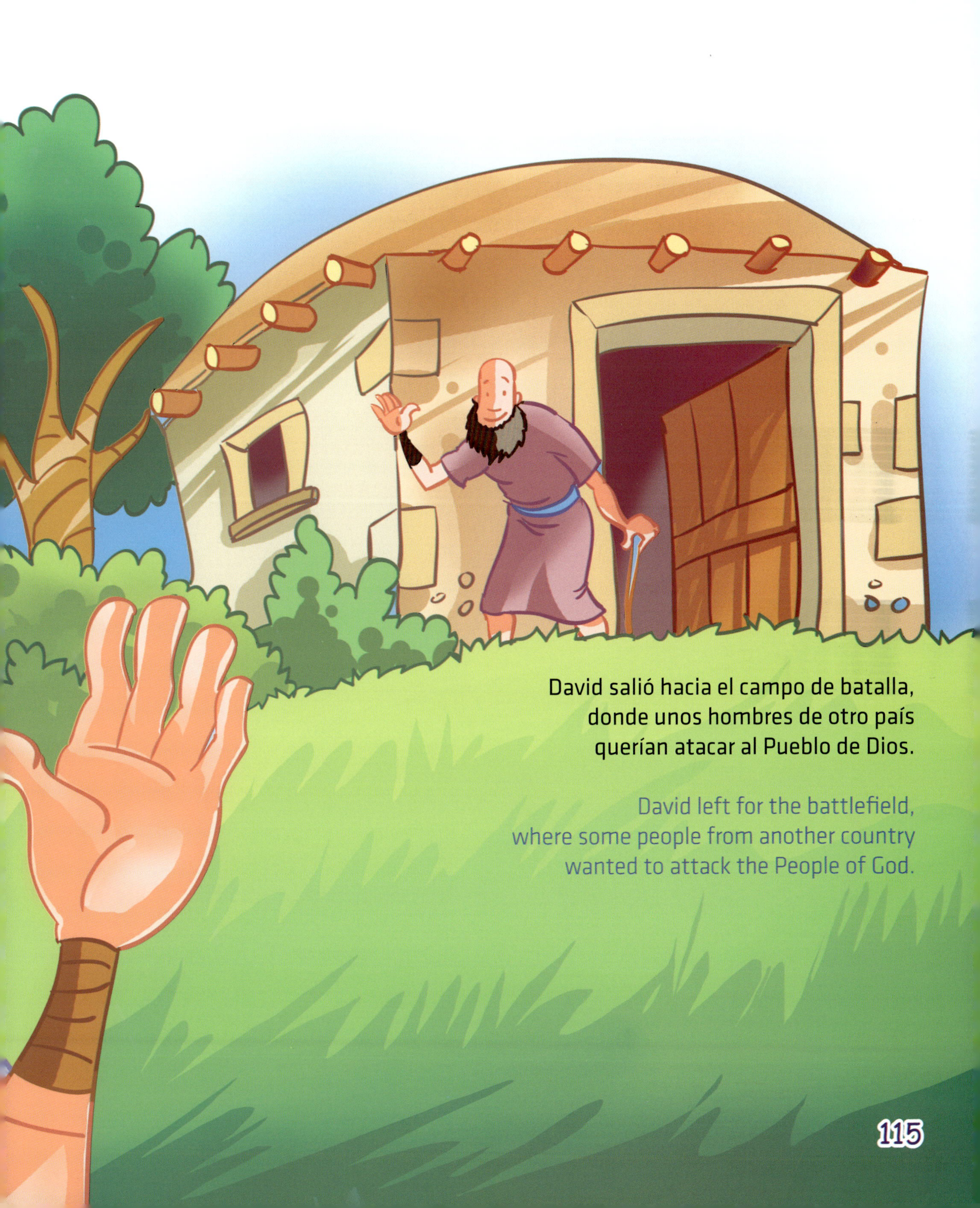

David salió hacia el campo de batalla, donde unos hombres de otro país querían atacar al Pueblo de Dios.

David left for the battlefield, where some people from another country wanted to attack the People of God.

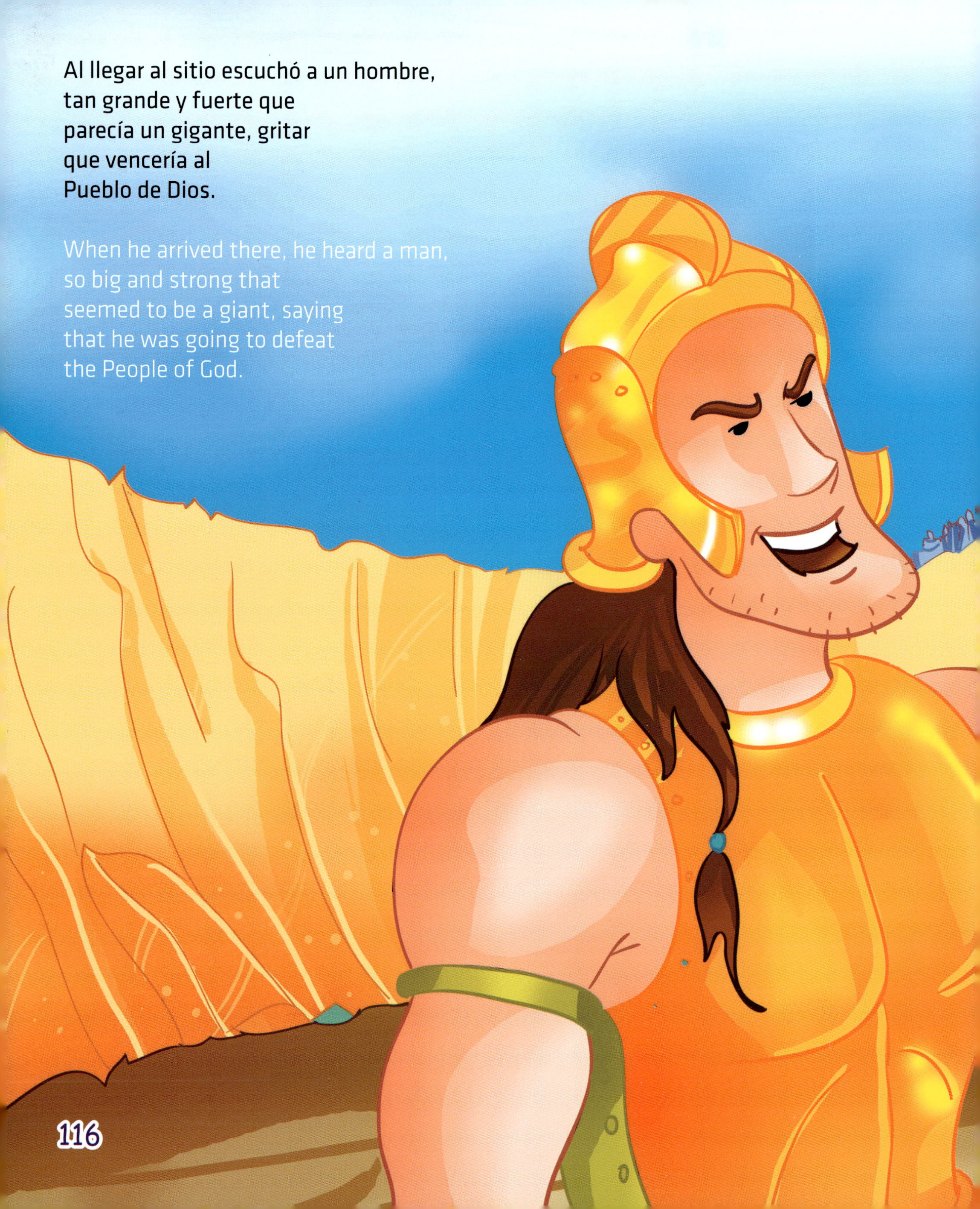

Al llegar al sitio escuchó a un hombre, tan grande y fuerte que parecía un gigante, gritar que vencería al Pueblo de Dios.

When he arrived there, he heard a man, so big and strong that seemed to be a giant, saying that he was going to defeat the People of God.

Goliat se llamaba aquel grandullón que asustaba a todos, menos a David, pues sabía que Dios estaba con él.
That giant was Goliath, and he scared everyone. But David was not scared, because he knew God was with him.
¿Qué se le ocurrirá esta vez a David?
What idea will David have this time?

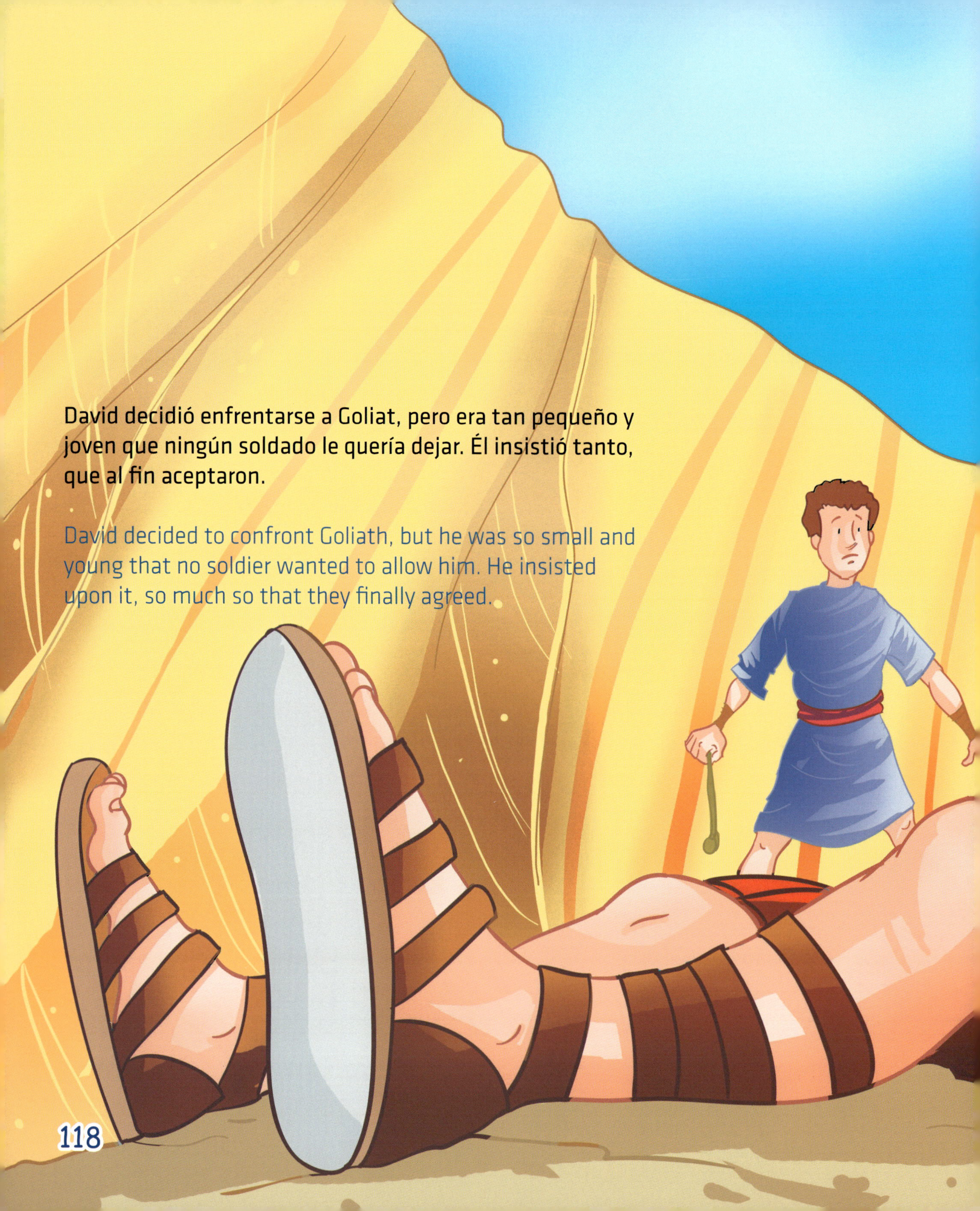

David decidió enfrentarse a Goliat, pero era tan pequeño y joven que ningún soldado le quería dejar. Él insistió tanto, que al fin aceptaron.

David decided to confront Goliath, but he was so small and young that no soldier wanted to allow him. He insisted upon it, so much so that they finally agreed.

Goliat se burló del pequeño David, creyendo que ganarle sería muy fácil, pero él le lanzó con su honda una piedra que le dio en la cabeza y lo derribó.

Goliath made fun of little David. He thought it was going to be very easy to defeat him. But David launched a stone with his sling, the stone knocked the giant's head and he fell.

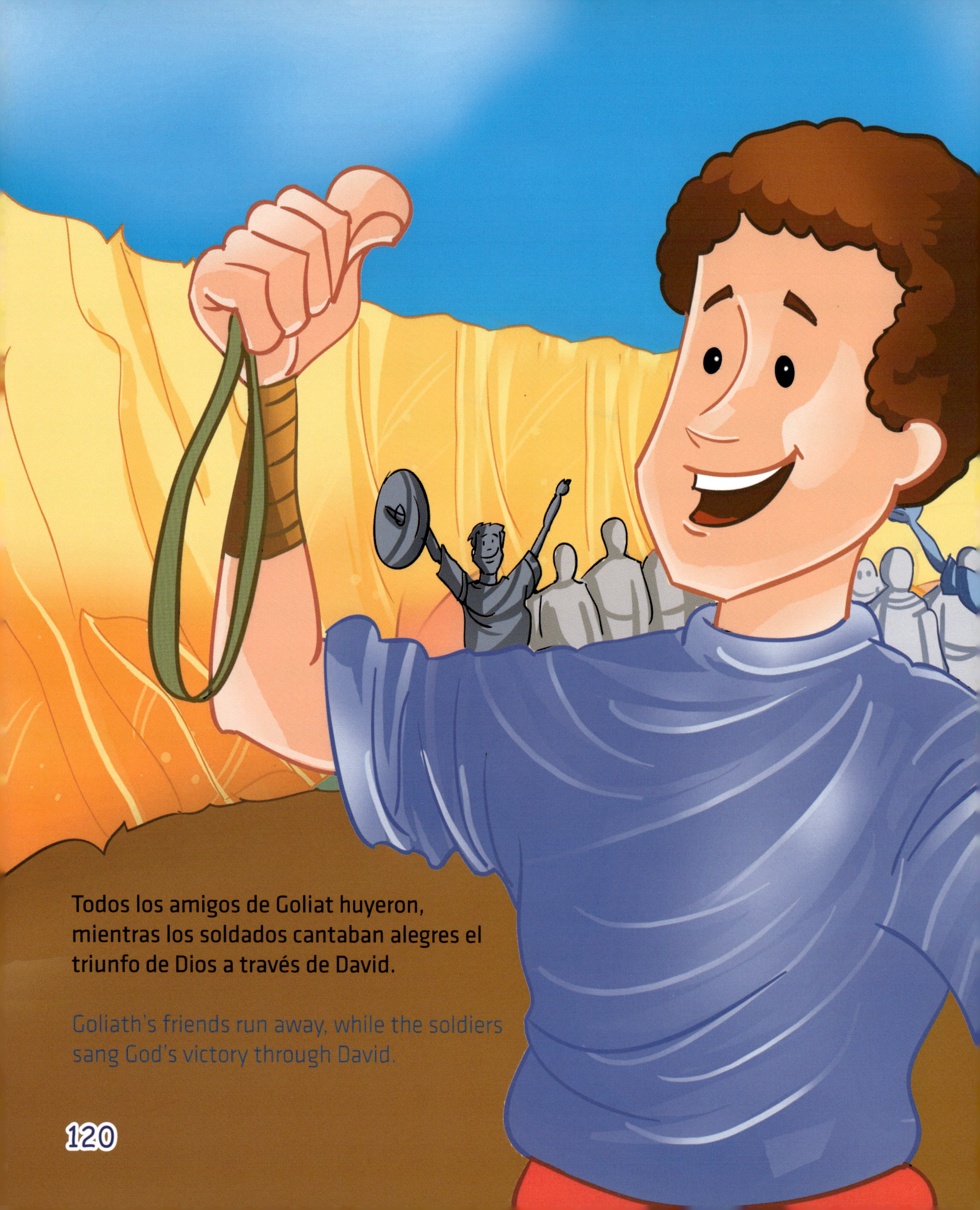

Todos los amigos de Goliat huyeron, mientras los soldados cantaban alegres el triunfo de Dios a través de David.

Goliath's friends run away, while the soldiers sang God's victory through David.

Y por ser valiente... ¡lo nombraron rey!
Si tú eres bueno y confías en Dios, también Él será tu amigo y te protegerá.

As he had been very brave... they named him king!
If you are a good person and you trust God, He will also be your friend and He will protect you.

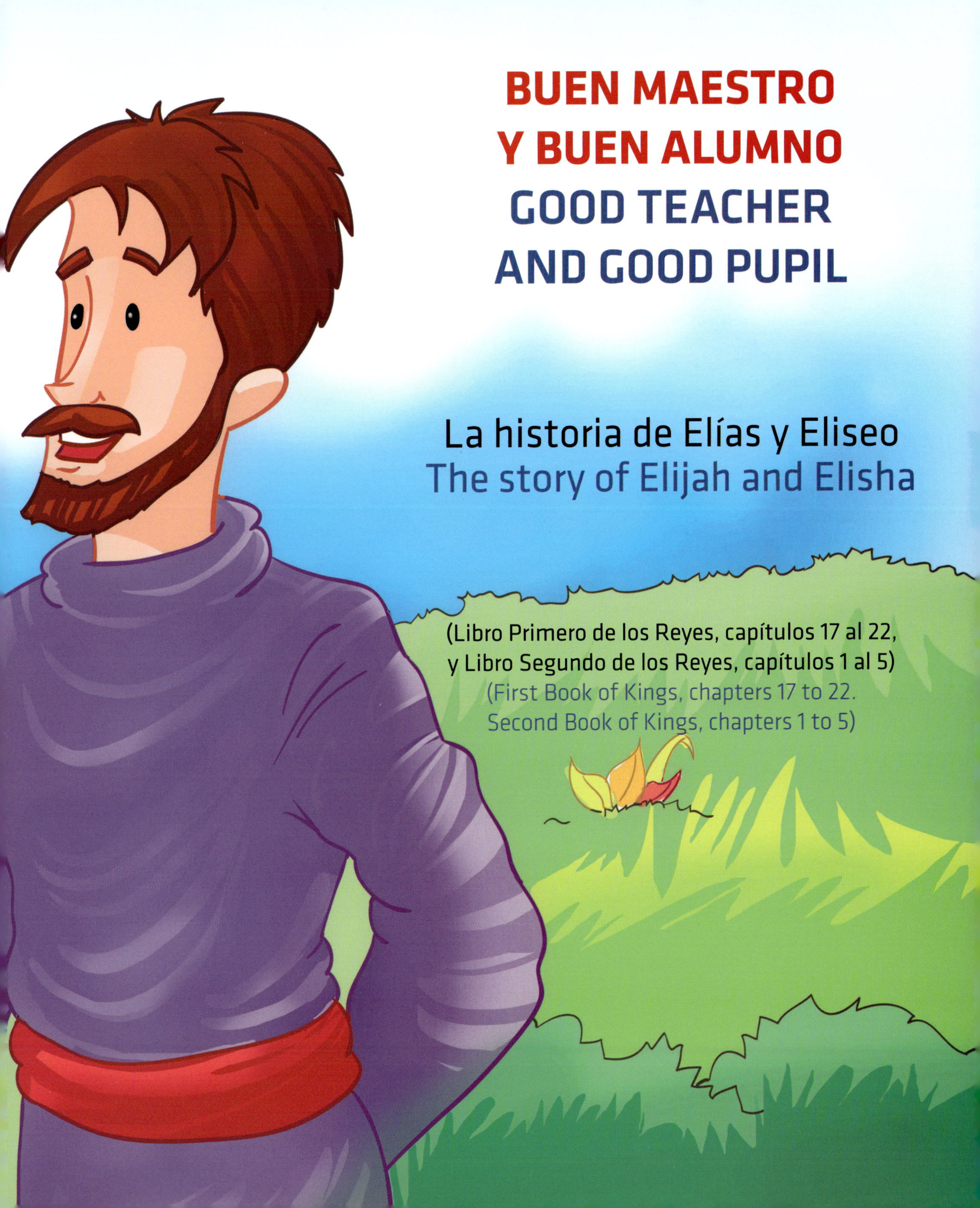

BUEN MAESTRO Y BUEN ALUMNO
GOOD TEACHER AND GOOD PUPIL

La historia de Elías y Eliseo
The story of Elijah and Elisha

(Libro Primero de los Reyes, capítulos 17 al 22, y Libro Segundo de los Reyes, capítulos 1 al 5)
(First Book of Kings, chapters 17 to 22. Second Book of Kings, chapters 1 to 5)

Comenzaron a secarse las plantas
y la gente sufría hambre
y sed, porque había
empezado una sequía.

A drought had started. The plants
began to dry, and people suffered
from hunger and thirst.

Elías, un profeta, fue enviado por Dios
a decirle al rey que el clima no cambiaría.
¿Y sabes qué pasó?
¡El rey se enfureció con Elías!

Elijah, a prophet, was sent for God
to tell the king the weather wouldn't change.
And do you know what happened then?
The king got angry with Elijah!

¡Mira qué sol hacía!
Look how hot it was!

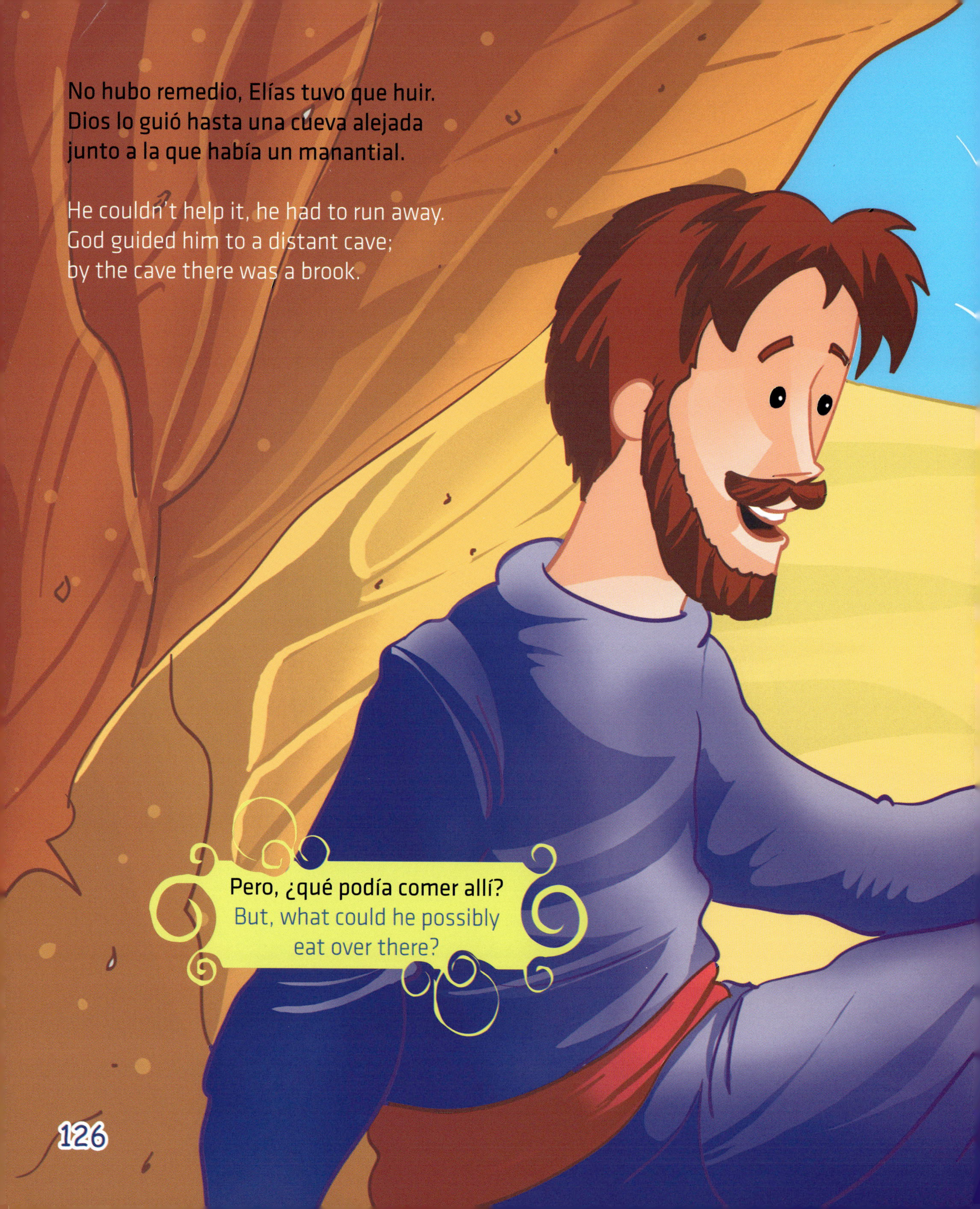
No hubo remedio, Elías tuvo que huir.
Dios lo guió hasta una cueva alejada
junto a la que había un manantial.
He couldn't help it, he had to run away.
God guided him to a distant cave;
by the cave there was a brook.
Pero, ¿qué podía comer allí?
But, what could he possibly
eat over there?

Dios enviaba cuervos
para que le llevaran comida:
por la mañana pan y por la tarde carne,
y podía beber el agua del manantial...
¡Hasta que el manantial se secó!

God sent some ravens to feed him:
they brought him bread in the morning
and meat in the evening, and he drank
from the brook...
Until the brook dried up!

Elías se fue a vivir
con una viuda y su hijo,
pero ellos no tenían comida
suficiente, solo un poco
de harina y algo de aceite.
¿Cómo le podrá
ayudar Dios esta vez?

Elijah moved to live with
a widow and her son, but
they did not have enough food,
only some flour and a little oil.
How could God help him now?

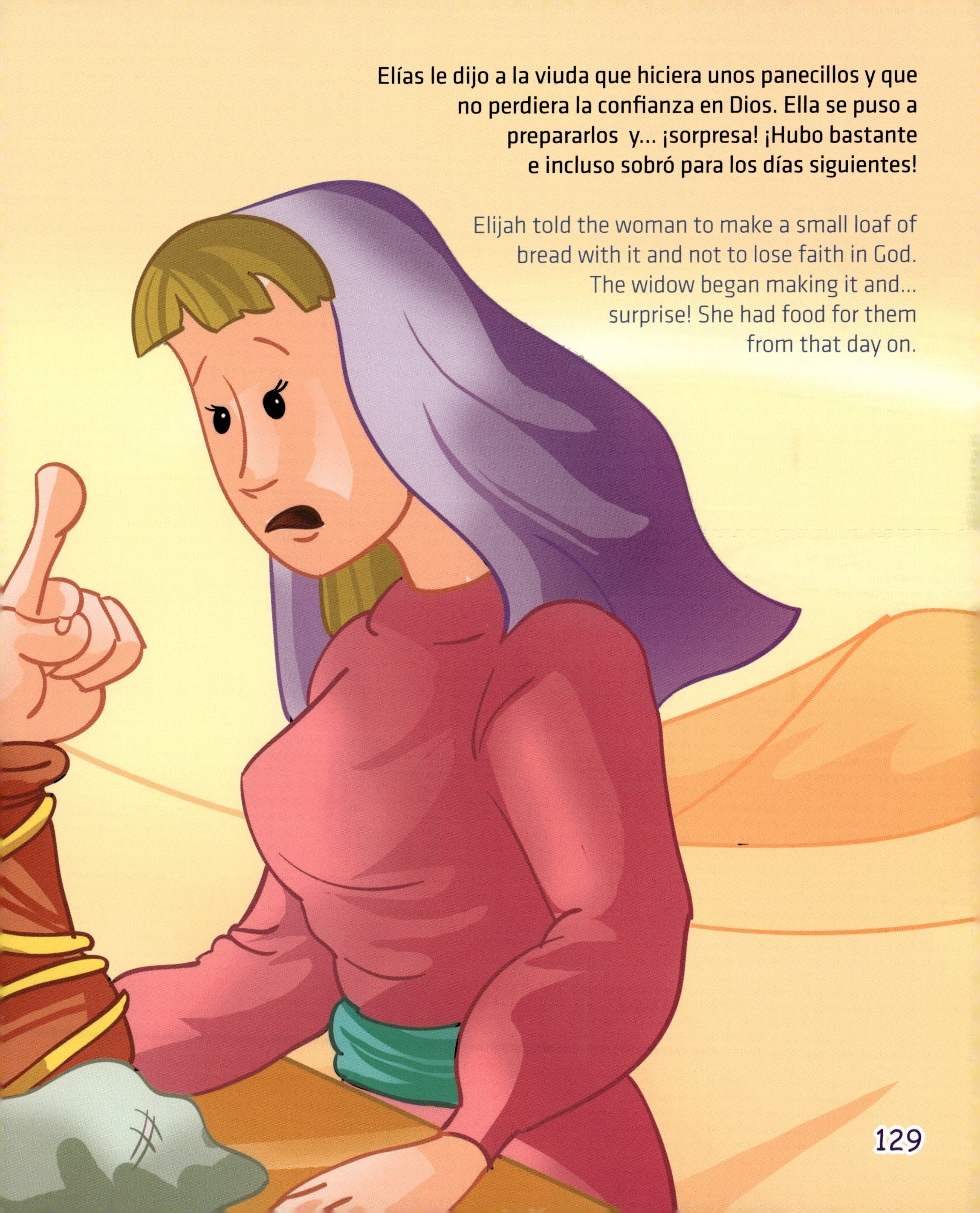

Elías le dijo a la viuda que hiciera unos panecillos y que no perdiera la confianza en Dios. Ella se puso a prepararlos y... ¡sorpresa! ¡Hubo bastante e incluso sobró para los días siguientes!

Elijah told the woman to make a small loaf of bread with it and not to lose faith in God. The widow began making it and... surprise! She had food for them from that day on.

Un día enfermó el hijo de la viuda,
y se puso tan grave que al final murió.
La viuda no paraba de llorar de tristeza.

One day the son of the widow became ill.
His illness was so severe, that he died.
The widow couldn't stop crying,
she was very sad.

Elías tomó al joven
en sus brazos, oró a Dios
pidiendo que reviviera y... ¡Sí!
¡Volvió a vivir y a ayudar a su madre!
Todos cantaban, dando
gracias a Dios.

Elijah took the boy in his arms,
prayed to God and asked him
to raise the boy to life. Yes! The boy
became alive again to help his mother!
All of them praised God, and
gave thanks to him.

Al volver la lluvia, Elías dejó de esconderse. Una mañana, mientras caminaba por el campo, se encontró con Eliseo, a quien le preguntó:

When the rain came back again, Elijah stopped being hidden. One day, while he was walking on the fields, he met Elisha, to whom he asked:

"¿Quieres ser profeta, igual que yo?".
"Would you like to be a prophet, just like me?".

Eliseo no se lo pensó dos veces, decidió aprender todo de Elías y poco a poco se convirtió, como él, en un gran profeta del Pueblo de Dios.

Elisha didn´t think twice, he decided to learn everything from Elijah. Little by little, he became a great prophet of God´s People, just like him.

Luego Dios quiso tener a su lado
a Elías y dejar a Eliseo cuidando a su pueblo.
Elías le regaló su manto y se despidió,
mientras Eliseo pensaba:
¿Cómo subirá al cielo?

God wanted to have Elijah by his side
and to leave Elisha looking after his people.
Elijah gave him his mantle and said goodbye.
Elisha thought:
how will he go up to heaven?

Piensa tú en alguna manera.
Try to think something up.

¡De pronto pasaron unos caballos de fuego, tirando de una carroza, también de fuego, en la que Elías se elevó a los cielos!

Suddenly, a chariot of fire with horses of fire stood between them, and Elijah was taken up to heaven!

Días después una mujer le pidió ayuda a Eliseo porque era muy pobre y no tenía comida, solo un poco de aceite en una pequeña vasija. Él se acordó de su maestro y le dijo:

Some days later, a poor woman called Elisha for help, because she had no food, just a little oil in a jar. Elisha thought of his master and said:

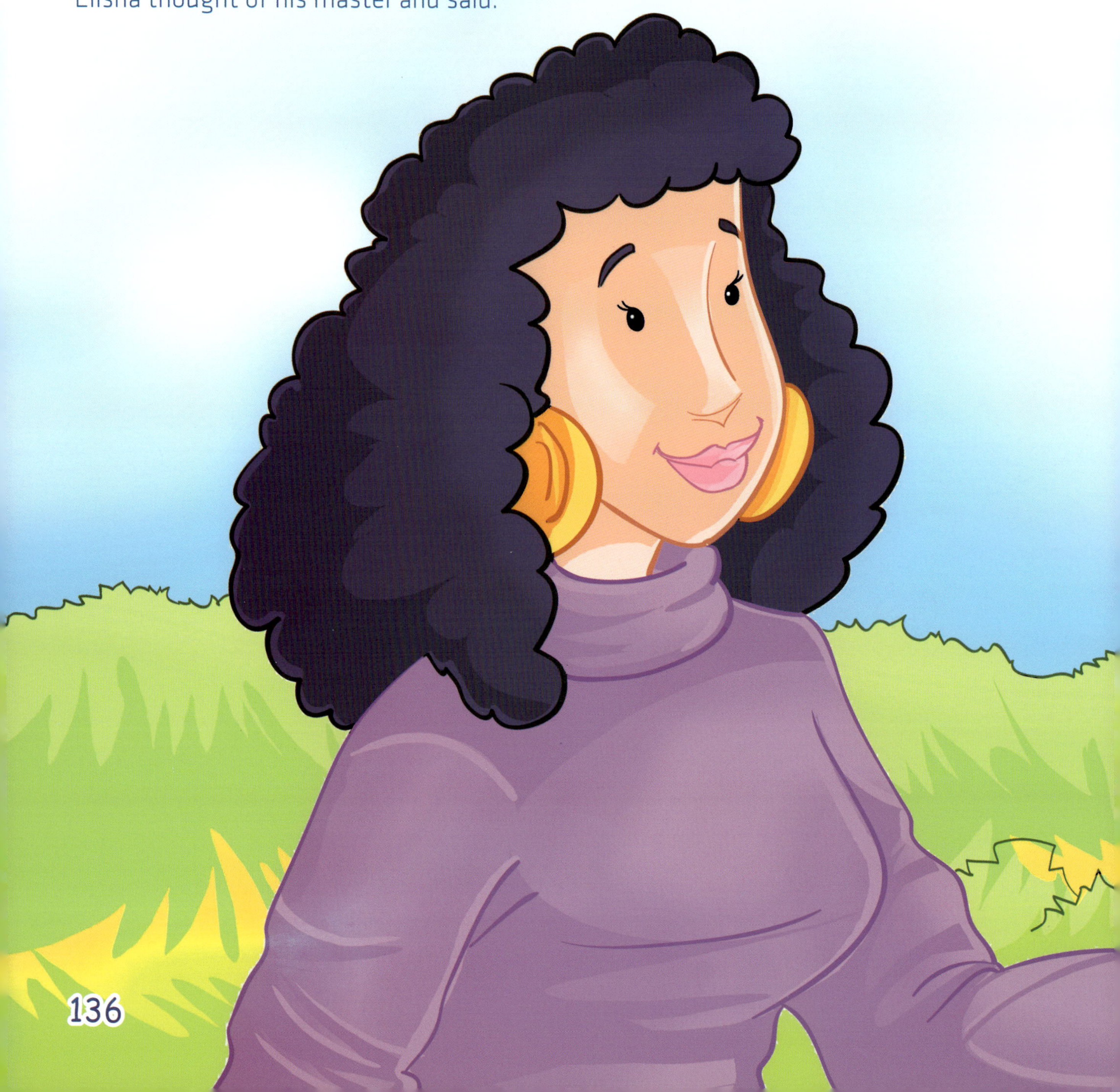

“Pide muchas vasijas prestadas a tus vecinos y llénalas todas con el aceite que tienes, así podrás venderlo”.
La mujer obedeció y... ¡funcionó!

“Go and ask your neighbours for empty jars. Pour your oil into them, and sell the oil”. The woman did what she had been told and... it worked!

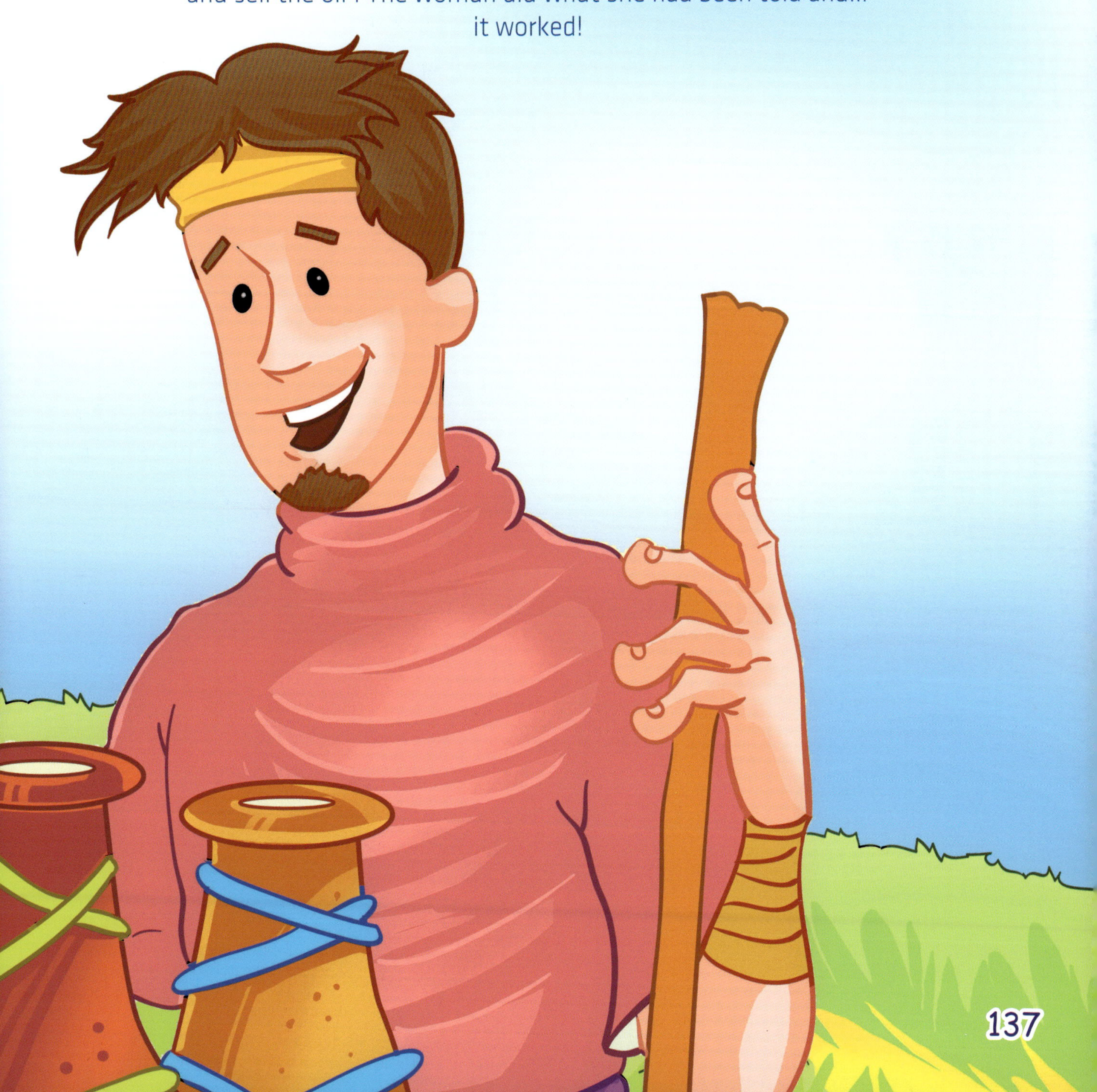

Después le pidió ayuda un jefe del ejército que
padecía una enfermedad en la piel.
Eliseo oró por él y le dijo:
"Báñate siete veces en el río Jordán".

One day the army commander asked for his help.
He was sick with skin lesions.
Elisha prayed for him and told him:
"Go to the river Jordan and wash seven times".

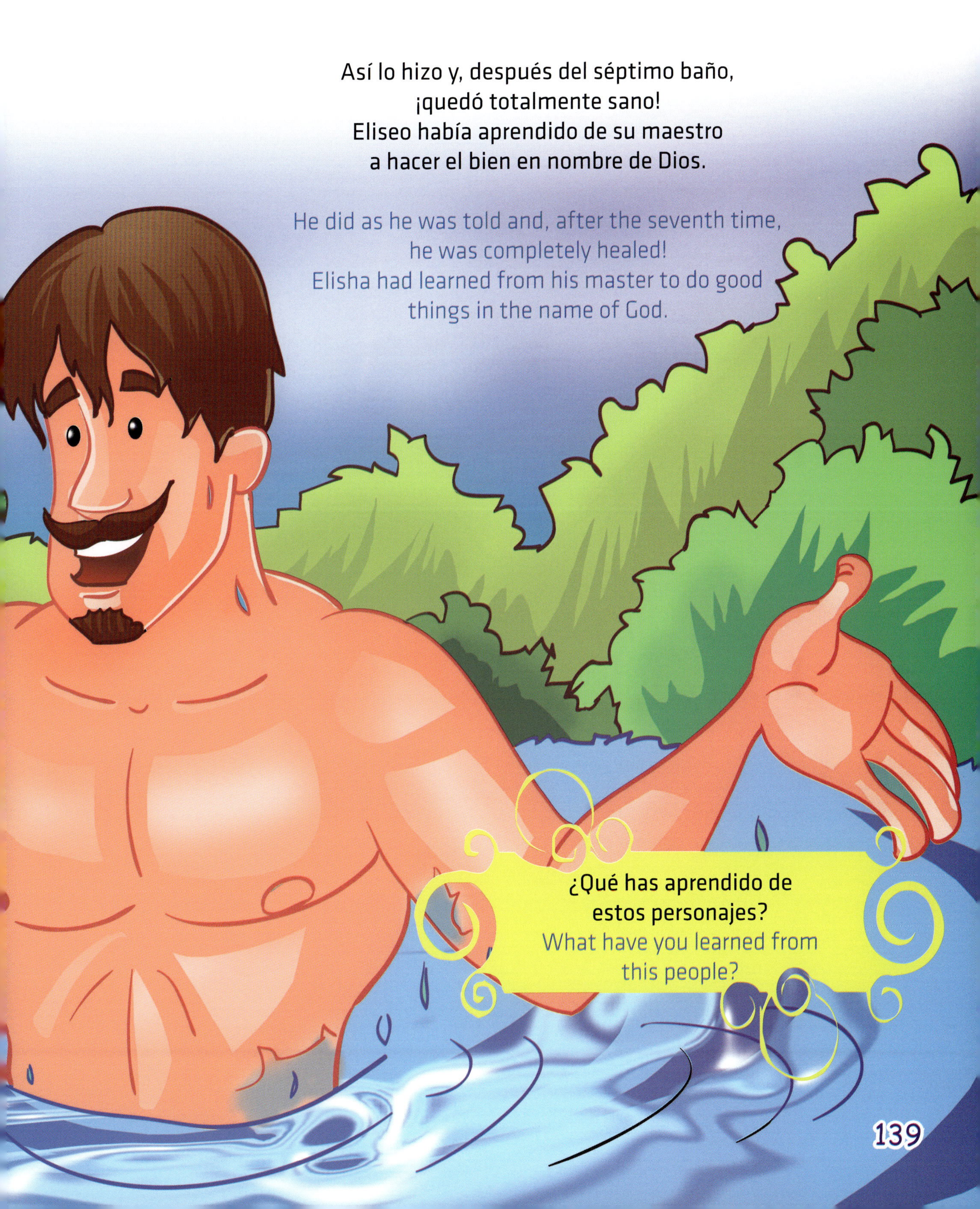
Así lo hizo y, después del séptimo baño,
¡quedó totalmente sano!
Eliseo había aprendido de su maestro
a hacer el bien en nombre de Dios.
He did as he was told and, after the seventh time,
he was completely healed!
Elisha had learned from his master to do good
things in the name of God.
¿Qué has aprendido de
estos personajes?
What have you learned from
this people?

A papá y mamá

EN EL VIENTRE DEL PEZ. La historia de Jonás está llena de sucesos espectaculares que impresionan al niño y, a la vez, le suscitan inquietantes interrogantes, que constituyen una excelente oportunidad para ayudarle a iniciarse en el ejercicio de la reflexión, favorecida por las preguntas del texto; al encontrarlas, y antes de pasar a la siguiente página, es importante buscar con él posibles respuestas, así descubrirá que, en su infinita bondad, Dios sabe acoger con amor nuestros errores y, si estamos dispuestos a recibirla, nos ofrece siempre una nueva oportunidad.

To mummy and daddy

IN THE BELLY OF THE FISH. The story of Jonah is full of spectacular events that impress a child and, at the same time, raise disturbing questions that constitute an excellent opportunity to help him/her get started with the exercise of reflection, favoured by the questions of the text. To find them, and before moving to the next page, it is important to search for their possible answers. In this way he/she will discover that in His infinite goodness, God knows how to receive with love our faults and always offers us a new opportunity if we are willing to receive it.

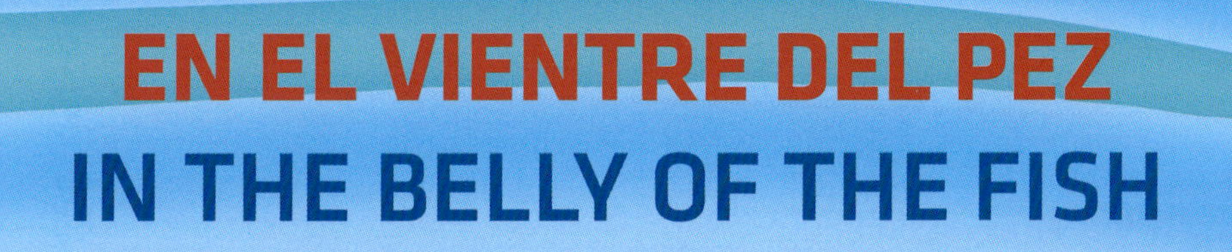

EN EL VIENTRE DEL PEZ
IN THE BELLY OF THE FISH

La historia de Jonás
The story of Jonah

(Jonás, capítulos 1 al 3)
(Jonah, chapters 1 to 3)

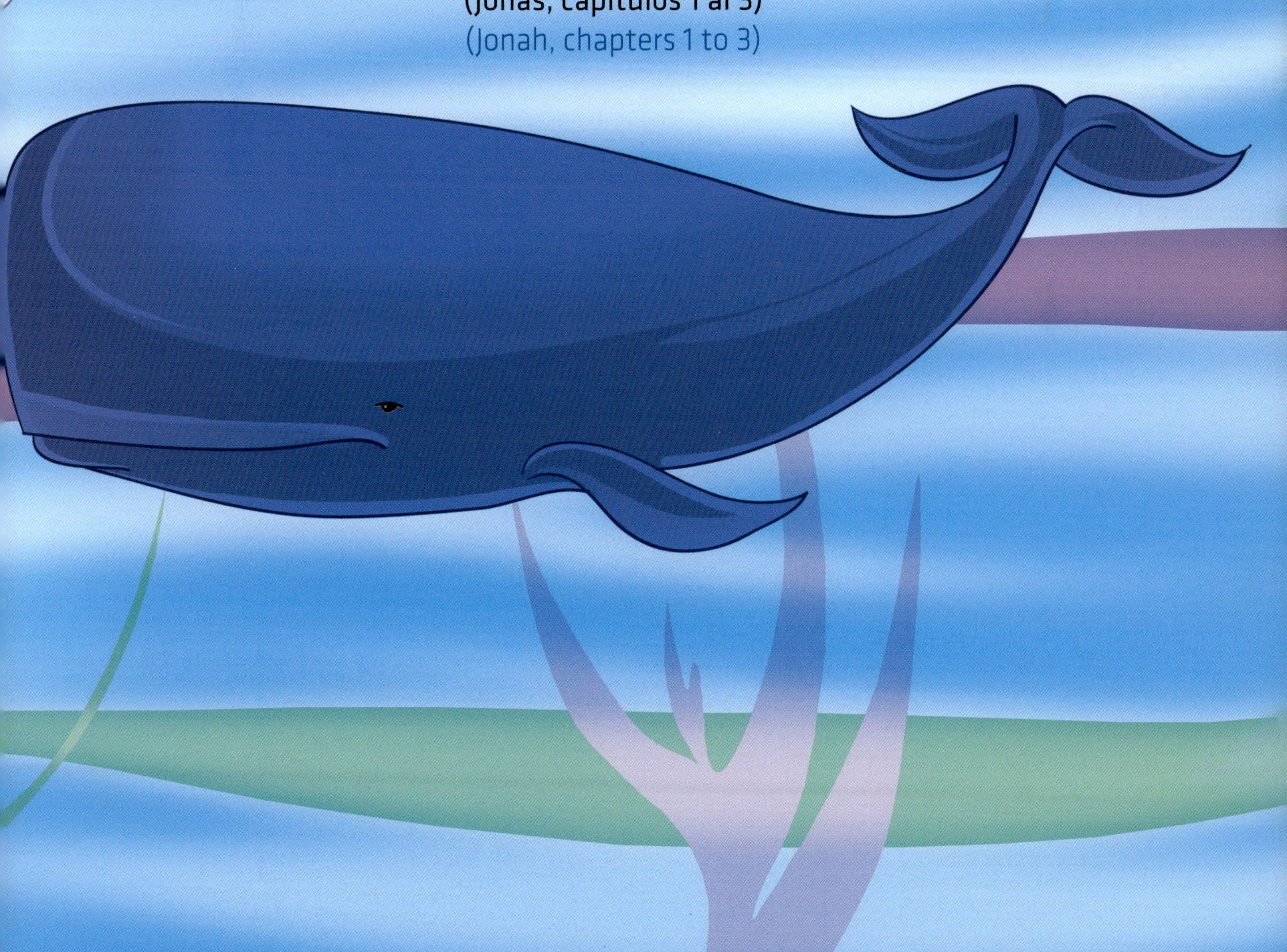

Aunque Jonás creía en Dios,
no siempre cumplía
lo que Él mandaba.

Jonah believed in God. Nevertheless,
he didn't always do what
He commanded.

Una vez, Dios
le pidió que llevara
un mensaje a la ciudad
de Nínive.

One day God told Jonah
to go to the city of Nineveh
to give them a message.

Y, ¿sabes qué hizo Jonás?
And, do you know what did Jonah do?

Se asustó muchísimo porque era una ciudad muy grande donde casi nadie creía en Dios.

He was very scared, because it was a very big city, and nobody believed in God.

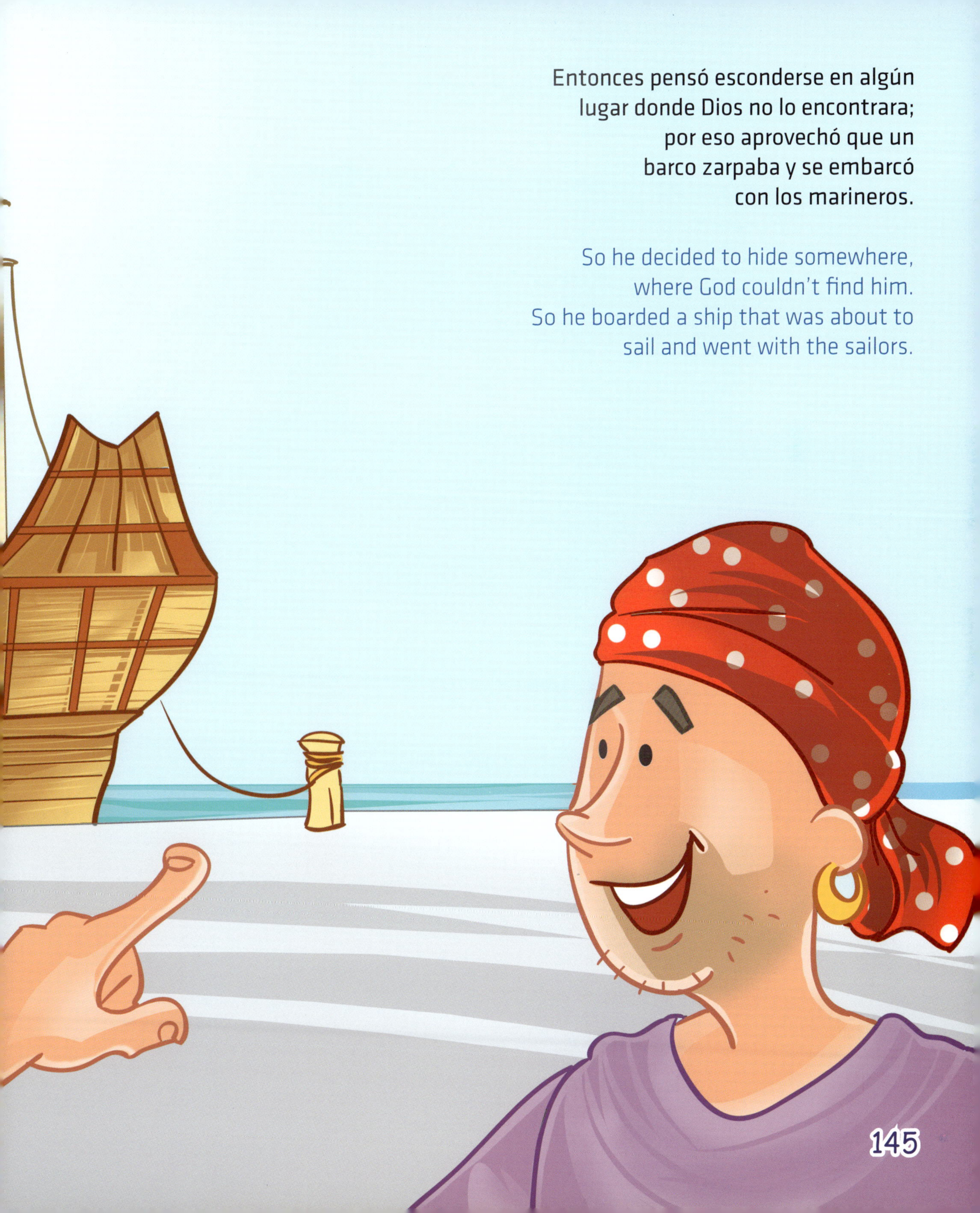

Entonces pensó esconderse en algún lugar donde Dios no lo encontrara; por eso aprovechó que un barco zarpaba y se embarcó con los marineros.

So he decided to hide somewhere, where God couldn't find him. So he boarded a ship that was about to sail and went with the sailors.

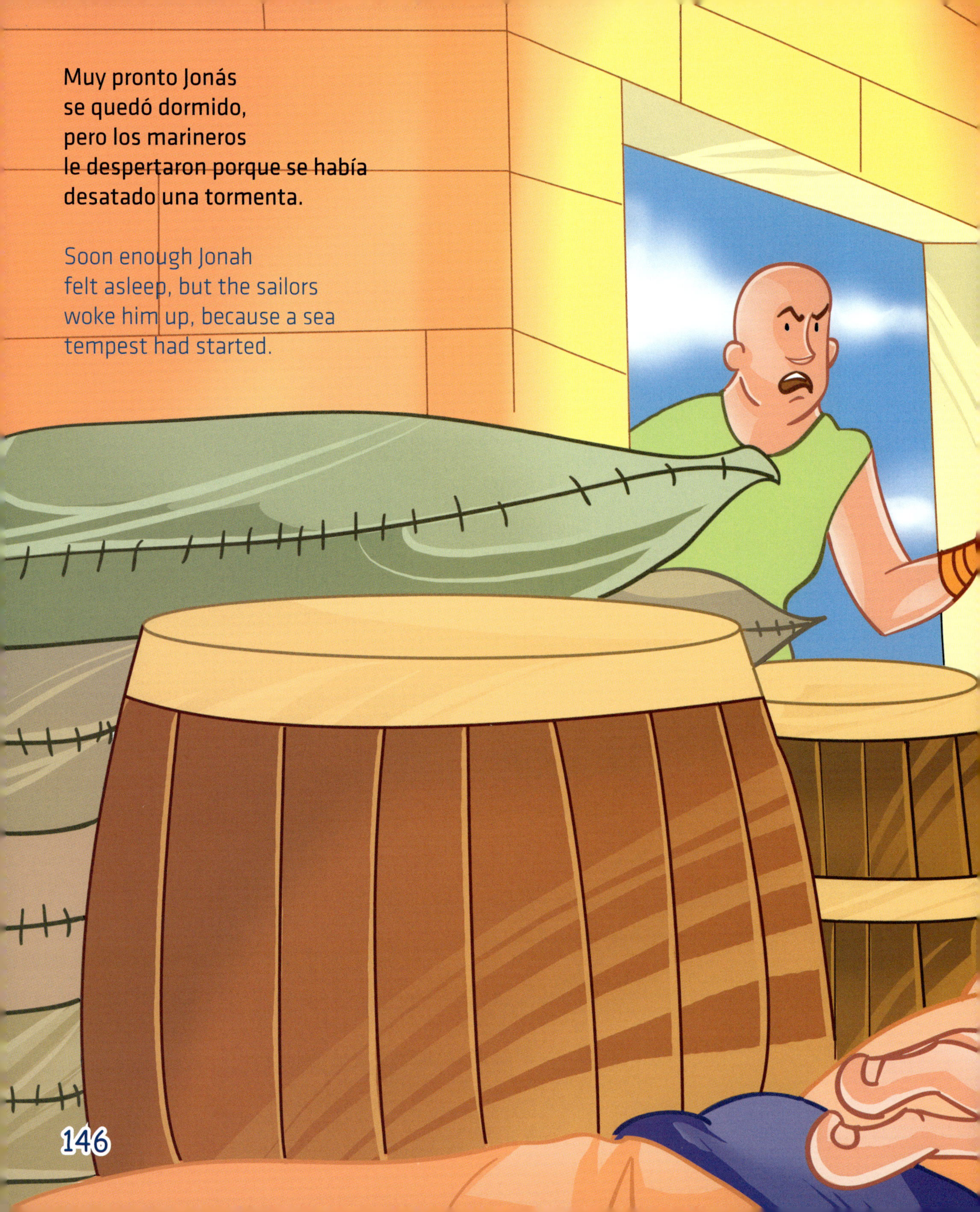

Muy pronto Jonás
se quedó dormido,
pero los marineros
le despertaron porque se había
desatado una tormenta.

Soon enough Jonah
felt asleep, but the sailors
woke him up, because a sea
tempest had started.

Los marineros tenían mucho miedo porque el barco parecía hundirse.

The sailors were very afraid, because it seemed as if the ship was going to sink.

¿Qué crees que pensó Jonás?
What do you suppose Jonah was thinking?

La tormenta le hizo pensar
en toda la gente
de aquella ciudad que necesitaba
el mensaje de Dios.

The sea tempest made him think
of all the people from that city
who needed the message from God.

Les dijo a los marineros que debían arrojarlo al mar para que se calmara la tormenta, y aunque no querían, tuvieron que hacerlo.

He told the sailors to throw him overboard, to calm the tempest. They didn't want to do it, but they had to.

Jonás creyó que moriría ahogado, pero una ballena inmensa abrió la boca y se tragó a Jonás, que fue a parar a su oscuro vientre.

Jonah believed he was going to be drowned, but a huge fish opened its mouth and swallowed Jonah. He got to the dark belly of the fish.

¿Cómo se sentiría Jonás?
How would he feel?

Tres días estuvo Jonás, sintiéndose
solo y triste, en el estómago
de la ballena.

Jonah remained in the
belly of the fish for three days.
He was feeling lonely and sad.

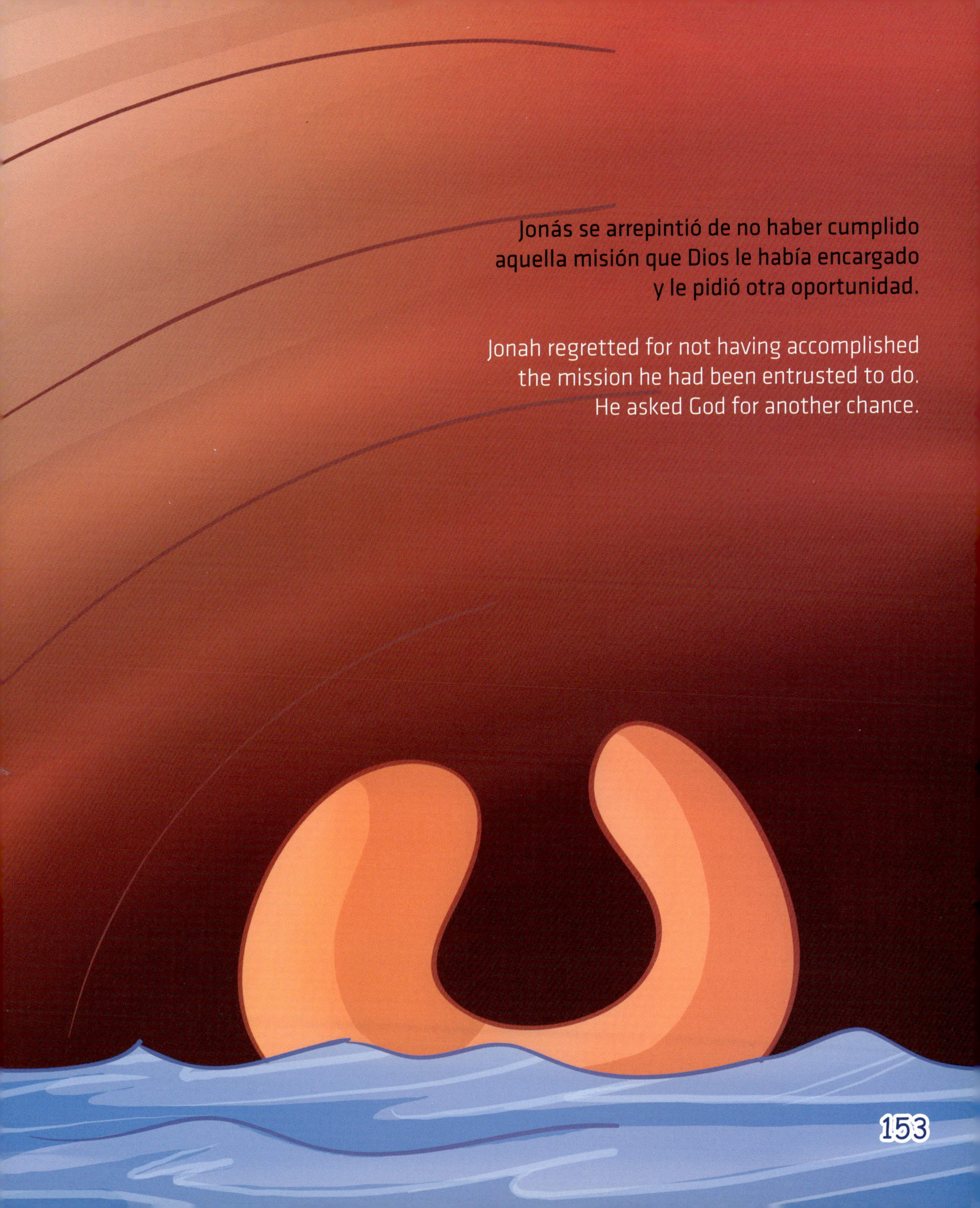

Jonás se arrepintió de no haber cumplido
aquella misión que Dios le había encargado
y le pidió otra oportunidad.

Jonah regretted for not having accomplished
the mission he had been entrusted to do.
He asked God for another chance.

Dios escuchó la oración de Jonás e hizo que la ballena lo escupiera, dejándolo a salvo en una playa cercana.

God heard Jonah's prayer and ordered the big fish to spit him out, safe and sound on a near shore.

¿Qué hará Jonás esta vez?
What would Jonah do this time?

Como había prometido, Jonás se fue a Nínive y, calle por calle, pregonó el mensaje: Debían ser buenos y alabar a Dios.

Los ninivitas creyeron en Dios y cambiaron pronto su forma de ser.

As he has promised, Jonah went to Nineveh and, street after street, he spread the message: they had to be good and to praise God.

People from Nineveh believed in God and they soon changed their behaviour.

Jonás aprendió algo nuevo:
¡Que es mucho mejor obedecer a Dios!

Jonah learned something new:
it's much better to
always obey God!

A papá y mamá

UN HERMOSO BEBÉ. La historia del nacimiento de Jesús presenta una de las tradiciones de nuestra fe más ricas y agradables para los niños; escuchándola y leyéndola, los niños podrán acercarse con alegría a cada uno de los aspectos bíblicos del nacimiento de Jesús; descubrir que, en Él, Dios mismo viene a vivir con nosotros; comprender que el pequeño Jesús da plenitud a la historia de fe contenida en las historias anteriores y, contemplando las características de los personajes, entender que las más grandes maravillas de Dios acontecen por la humildad y sencillez del corazón humano que las vive.

To mummy and daddy

A PRETTY BABY. The story of the birth of Jesus presents one of the traditions of our faith, richer and more enjoyable for children. Through listening and reading, the children will be able to joyfully get close to each of the biblical aspects of the birth of Jesus; to discover that, in Him, God Himself comes to live with us; to understand that the little Jesus gives fullness to the history of faith contained in the previous stories. And, in contemplating on the characteristics of the characters, the children will be able to understand that the greatest marvels of God take place in the humility and simplicity of the human heart.

UN HERMOSO BEBÉ
A PRETTY BABY

La historia del nacimiento de Jesús
The story of the birth of Jesus

(Evangelio de san Mateo, capítulos 1 y 2) - (Gospel of Saint Matthew, chapters 1 and 2)

Estaba María orando en su habitación,
cuando... ¡qué susto!

Mary was praying to God in his bedchamber
when... my oh my!

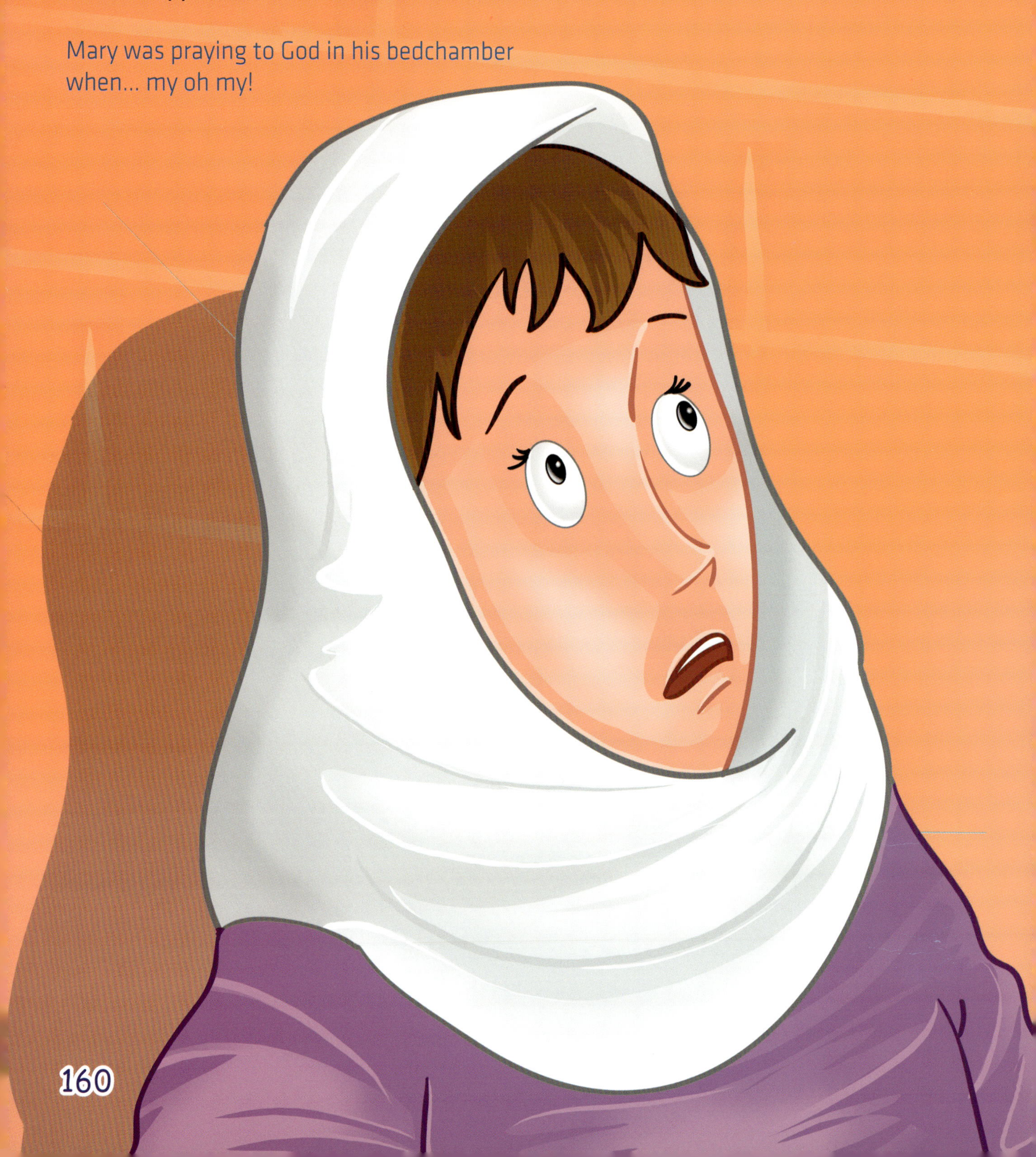

Rodeado de luz se le apareció
el arcángel san Gabriel, quien le traía
un mensaje de Dios.

Había sido elegida, entre todas las mujeres,
¡para ser la madre del Hijo de Dios!
María se sintió feliz, pensando en su bebé,
como cuando mamá te esperaba a ti.

The angel Gabriel came before her,
surrounded by light, and he brought
a message from God.

Mary had been chosen among all women
to be the Mother of God! Mary was very happy
when she thought of her baby, as happy as your
mum was when she was expecting you.

María y su esposo, José, salieron de viaje
poco tiempo antes de que naciera el bebé;
iban presurosos a la ciudad de Belén.
Mary and her husband, Joseph,
began a journey just before the baby was born;
they were rushing to the city of Bethlehem.
¿Qué iría pensando María?
What would Mary's thoughts be?

María iba pensando qué
bueno era Dios. Había enviado sabios,
reyes y profetas, y ahora enviaba a su propio hijo,
el niño Jesús, a enseñarnos a ser tan buenos como Él.

Mary was thinking that God was very good.
He had sent wise men, kings and prophets,
and now He was sending his own son, baby Jesus,
to teach us how to become as good as He was.

Al llegar a Belén empezaron a buscar
algún lugar para pasar la noche,
pero en ninguna casa fueron recibidos.

When they arrived in Bethlehem,
they searched for a place to sleep,
but no one would receive them.

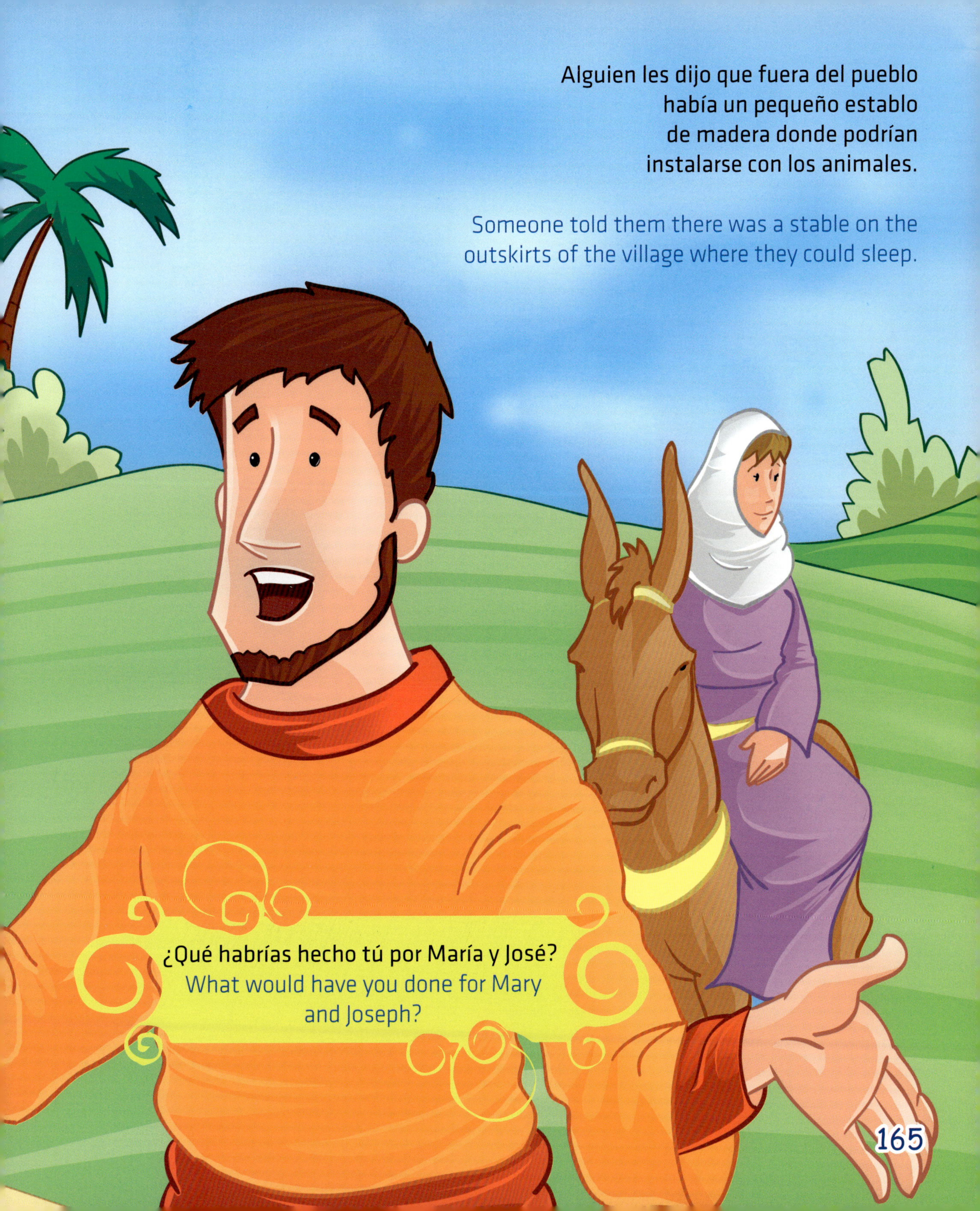

Alguien les dijo que fuera del pueblo
había un pequeño establo
de madera donde podrían
instalarse con los animales.

Someone told them there was a stable on the
outskirts of the village where they could sleep.

¿Qué habrías hecho tú por María y José?
What would have you done for Mary
and Joseph?

Limpiaron un poco el humilde
portal y junto a una mula, una oveja y un buey, prepararon
un lugar para su bebé,
que seguramente nacería pronto.

They cleaned up the humble stable and
prepared a space to place the baby,
close to a mule, a sheep and a donkey.
They knew the baby was about to be born.

Así fue, aquel hermoso niño nació en el portal aquella noche.
María y José sentían una gran felicidad.
Claro, ¡tenían en sus brazos al Hijo de Dios!

And so it was. That very same day a beautiful baby boy was born in the stable. Mary and Joseph were very happy. Naturally, they were holding God's son in their arms!

Un grupo de pastores pasaba la noche
cuidando sus rebaños muy cerca de allí;
de pronto se vieron rodeados de luz
y apareció un ángel, que les dijo:

A group of shepherds was watching over
the flocks near that place.
Suddenly they were surrounded by light and
an angel of God appeared to them saying:

"No os asustéis, ¡alegraos!
Traigo una gran noticia:
¡Hoy ha nacido Dios!
Id a verlo al portal de Belén".
"Don't be afraid, be happy!
I bring great news: today the
son of God has been born! Go
to see him in Bethlehem's
stable".
¿Qué hicieron los asustados pastores?
What did the frightened shepherds do?

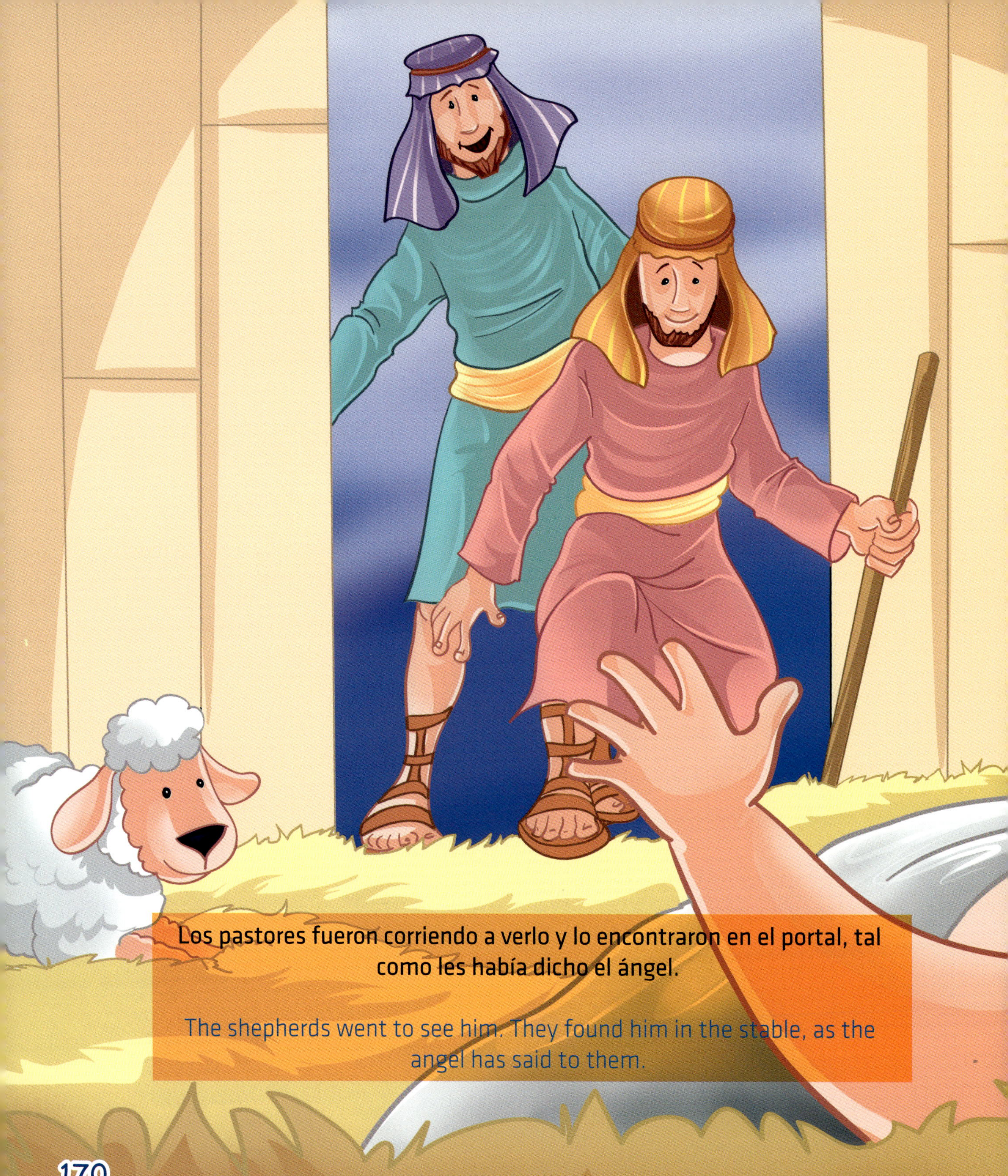

Los pastores fueron corriendo a verlo y lo encontraron en el portal, tal como les había dicho el ángel.

The shepherds went to see him. They found him in the stable, as the angel has said to them.

"¡Gloria a Dios en el cielo!", cantaban alegres los pastores, felices de ver al recién nacido.

"Glory to God in the highest!", said the shepherds, happy to see the newborn.

Tres reyes magos que vivían muy lejos también recibieron esa gran noticia y decidieron viajar a conocer al Niño, siguiendo una estrella que se movía en el cielo.

Three wise men who lived very far away heard the news too. They decided to go and honour the Baby. They followed a star which was wandering in the sky.

¡Qué alegres se pusieron al ver al bebé sonriendo dichoso en brazos de su madre! Entonces le ofrecieron hermosos regalos y emprendieron el viaje de regreso.

They were very happy when they saw the baby, happy on his mother's lap. They offered him presents and then they went back home.

Días después fueron María y José
a llevar al Niño Jesús al templo
y a dar gracias a Dios por su hijo.

Some days later Mary and Joseph
took Baby Jesus to the temple.
They wanted to say thanks to God.

Allí los recibió un anciano muy santo que tomó al niño en sus brazos y dijo: "¡Qué alegría conocer al Hijo de Dios!".

A saintly old man welcomed them. He took the baby in his arms and said: "What a great joy to see the son of God!".

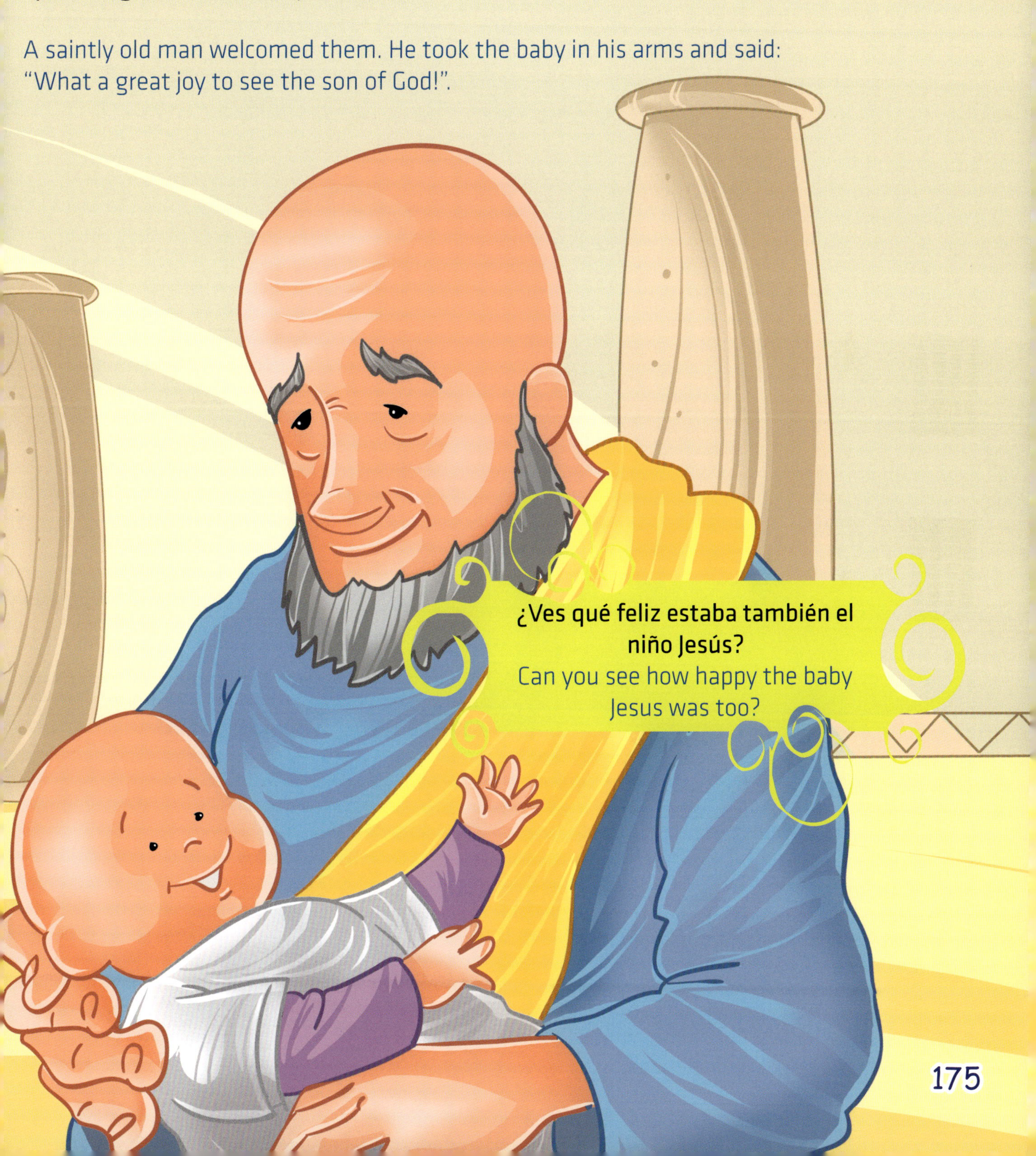

¿Ves qué feliz estaba también el niño Jesús?
Can you see how happy the baby Jesus was too?

Jesús, María y José se fueron a vivir
a un pequeño pueblo llamado Nazaret.

Jesus, Mary and Joseph moved
to a village called Nazareth.

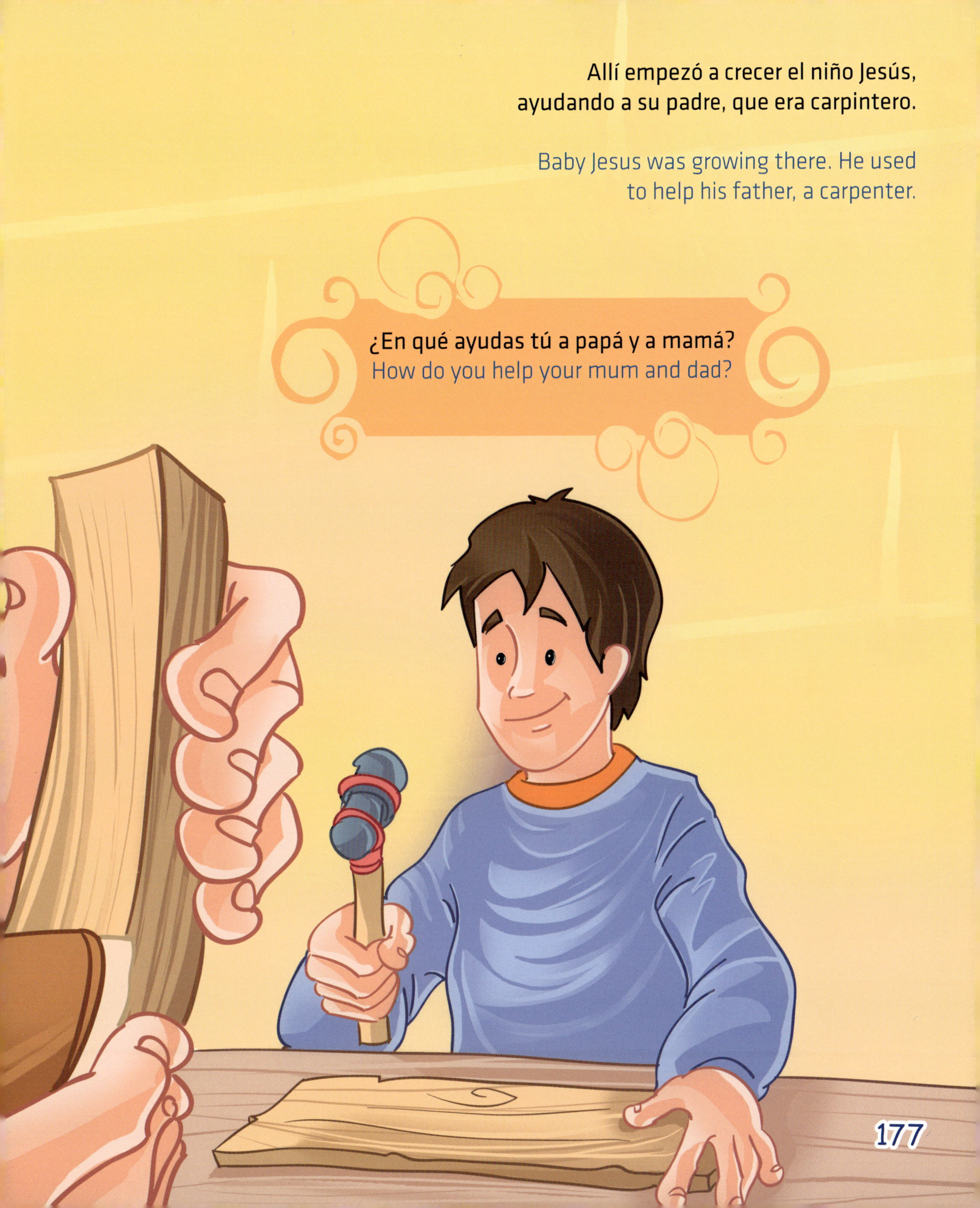

Allí empezó a crecer el niño Jesús,
ayudando a su padre, que era carpintero.

Baby Jesus was growing there. He used
to help his father, a carpenter.

¿En qué ayudas tú a papá y a mamá?
How do you help your mum and dad?

A papá y mamá

La obra salvadora llevada a cabo por Jesucristo es muy rica en acontecimientos prodigiosos que inevitablemente sorprenden y motivan a los niños. EL MEJOR AMIGO DE TODOS, la historia de los milagros de Jesús, presenta una selección de momentos particularmente importantes y significativos de la vida pública de Jesús, destacando su cariñosa acogida a niños y jóvenes; de esta manera, ellos podrán sentirlo más cerca y abrirle un espacio en su corazón, a la vez que perciben que el objetivo de sus milagros y enseñanzas es hacer partícipes a los hombres de la infinita bondad de Dios.

To mummy and daddy

The salvific work carried out by Jesus Christ is very rich in wonderful events that inevitably surprise and motivate children. THE BEST FRIEND OF ALL, the story of the miracles of Jesus, presents a selection of particularly the important and meaningful moments in the life of Jesus, emphasizing his warm welcome to the children and the youth; in this manner, they can be able to feel much nearer to Him and open up a space in their hearts, at the same time they can perceive that the reason of his miracles and teachings is to give to men a share of the infinite goodness of God.

EL MEJOR AMIGO DE TODOS
THE BEST FRIEND OF ALL

La historia de los milagros de Jesús
The story of Jesus' miracles

(Evangelio de san Lucas y Evangelio de san Juan)
(Gospel of Saint Luke and Gospel of Saint John)

Juan Bautista predicaba a la gente y la bautizaba en el río Jordán. Un día fue Jesús a buscarlo, porque también quería ser bautizado.

John the Baptist announced the Good News to the people and baptized them in the river Jordan. One day, Jesus went looking for him, because he also wanted to be baptized.

En ese instante descendió sobre Jesús el Espíritu de Dios, en forma de paloma, y una voz del cielo dijo: "Él es mi hijo querido".

That same moment, the Spirit of God, came down upon Jesus in a form of a dove, and a voice from heaven said: "He is my beloved son".

Al día siguiente eligió a doce hombres para que fueran sus apóstoles; ellos iban con Él a todas partes y aprendían las cosas que enseñaba.

The next day, he chose twelve men to stay with him. They were his apostles and they accompanied him everywhere, learning all the things he taught.

Con ellos recorrió la región de Galilea hablando a la gente del reino de Dios y curándola de sus enfermedades.

With them, Jesus travelled through Galilee talking about the Kingdom of God and healing people's illness.

Un día, mientras caminaba,
vio a un hombre que era
ciego desde su nacimiento,
y se detuvo para ayudarlo.

One day, while he was walking,
he saw a man born blind.
He stopped to help him.

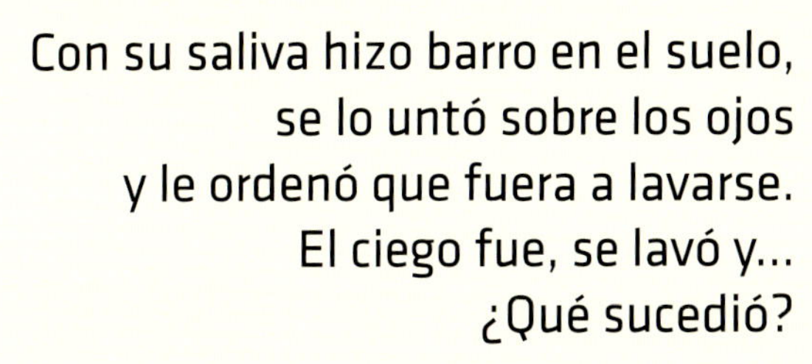

Con su saliva hizo barro en el suelo,
se lo untó sobre los ojos
y le ordenó que fuera a lavarse.
El ciego fue, se lavó y...
¿Qué sucedió?

He made clay with his saliva on the ground
and he anointed the eyes of the blind man
with the mud. He told him to go to wash.
He obeyed and...
what happened?

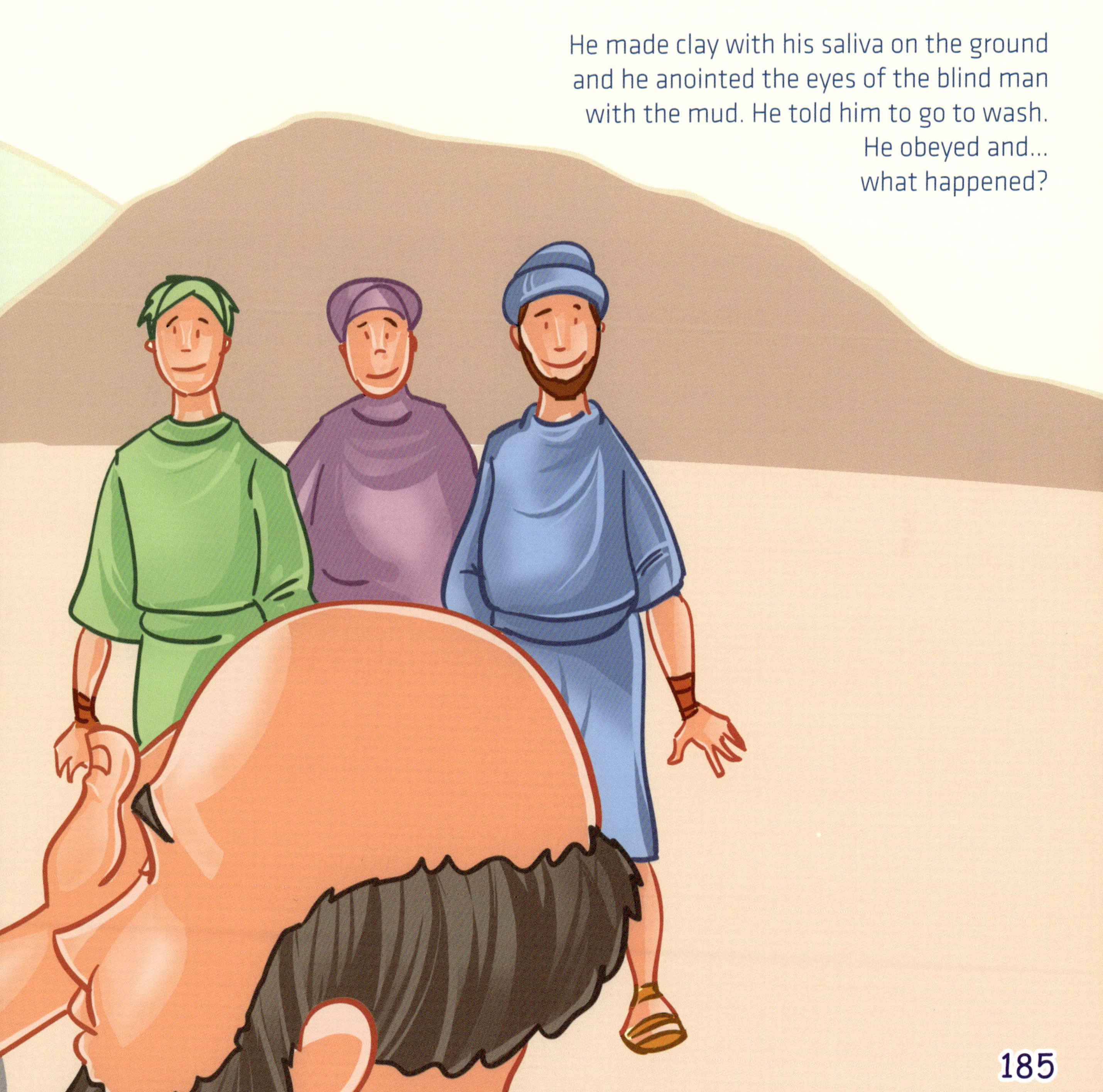

¡Ya no era ciego!
¡Ahora veía! Se fue
a contarles a sus vecinos
que el Señor Jesús lo había sanado.

He wasn't a blind man anymore!
He went away to tell all his
neighbours that
the Lord Jesus had
healed him.

¿Ves cómo se sorprendía la gente?
Can you see how amazed people were?

La gente estaba maravillada de lo que Jesús había hecho. Y él no se cansaba de repetir que lo había curado el Hijo de Dios.

People were astonished for what Jesus had done. And he always said that the Son of God had healed him.

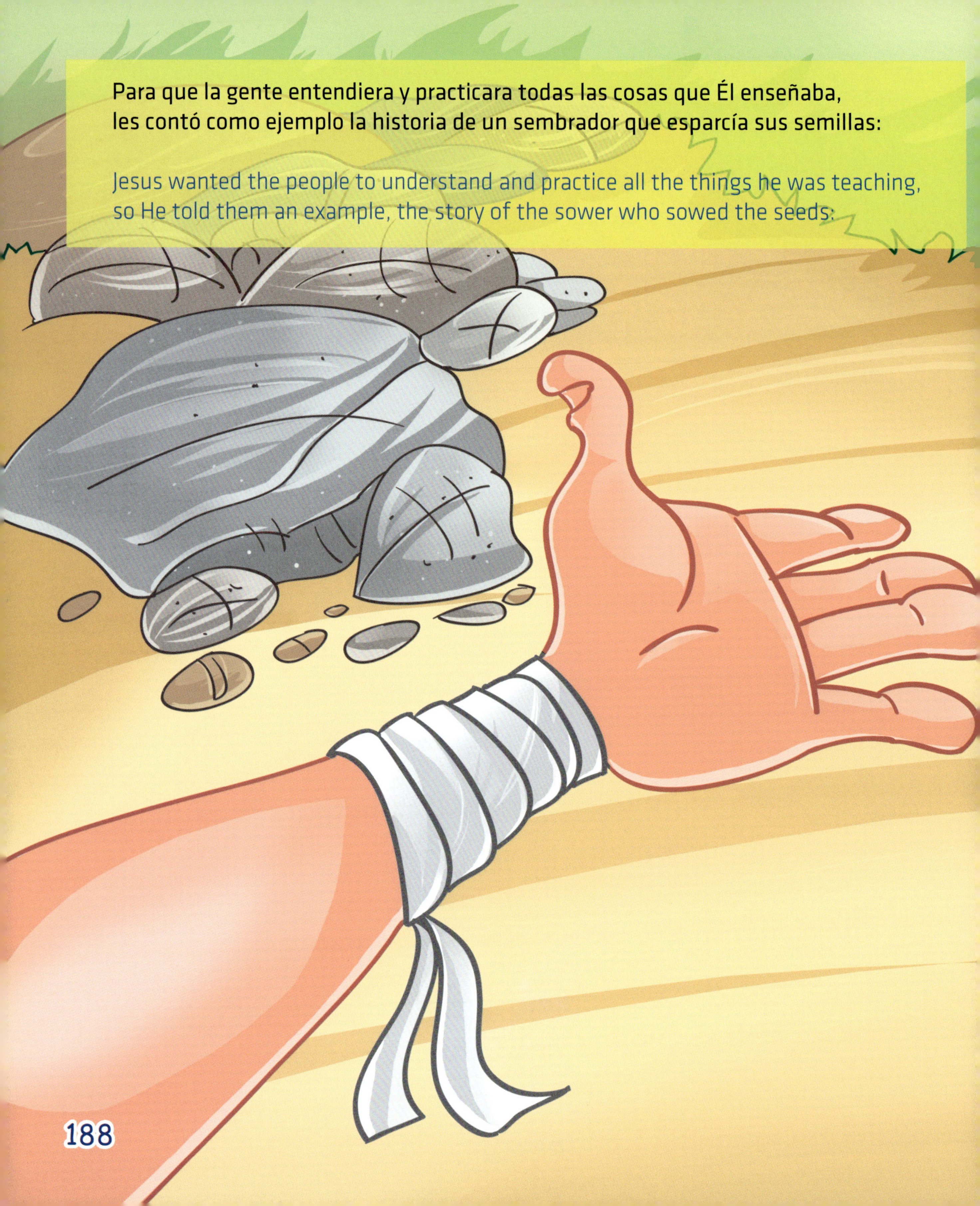

Para que la gente entendiera y practicara todas las cosas que Él enseñaba, les contó como ejemplo la historia de un sembrador que esparcía sus semillas:

Jesus wanted the people to understand and practice all the things he was teaching, so He told them an example, the story of the sower who sowed the seeds:

“Cayeron semillas a la orilla del camino, pero se las comieron las aves, otras cayeron entre rocas, y pronto se secaron, y a otras la maleza las dañó al crecer...

“Some of the seeds fell along the way, and the birds ate them up; some other seeds fell on rocky ground, and they withered; some other seeds fell among the thorns, and the thorns choke them while growing...

Pero otras cayeron en tierra buena;
por eso crecieron y dieron mucho fruto".

But some of the seeds fell on good soil
and grew, producing fruit".

¡Fíjate en la alegría del sembrador!
Look how happy the sower was!

Luego les explicó la historia diciendo: "Quienes practican lo que yo enseño son como las semillas que caen en tierra buena, y su fruto es hacer el bien al prójimo".

Then he explained the story to them: "People who receive my word and understand it are like the seeds on good soil, their fruit is doing well to others".

Un grupo de niños se le acercó un día porque querían conocer a Jesús.

One day a group of children came close to Jesus, because they wanted to know him.

Él jugó con ellos, los abrazó y los bendijo.
Además les contó a todos que Dios quiere mucho
a las personas sencillas, inocentes y alegres, como los niños.
¡Qué alegría ser amigo de Jesús!

He played with them, hugged them
and blessed them. He also told them God loves humble,
innocent and joyful people; people who are like children.
What a joy being friends with Jesus!

En otra ocasión Jesús estaba predicando a la orilla de un inmenso lago; mucha gente lo escuchó todo el día, por eso al atardecer ya tenían hambre. “Estamos lejos –les dijo a los apóstoles–, ¿no tenemos nada para darles de comer?”.

Another day Jesus was preaching on the shore of a huge lake; the whole day there were a crowd gathered there, listening to him, and in the evening they were hungry. “We are far away –he said to the disciples–, don't we have anything to feed them?”.

Un niño ofreció cinco panes y dos peces, pero era muy poco para tanta gente.

A boy offered five loaves of bread and two fishes, but it was too little for so many people.

Jesús les dijo a los apóstoles
que organizaran a la gente por grupos,
tomó los panes y los peces, los bendijo
y empezó a repartirlos entre todos.

Jesus told the apostles to group
the people. He took the loaves of bread
and the fishes, He blessed them and He
started distributing them among everyone.

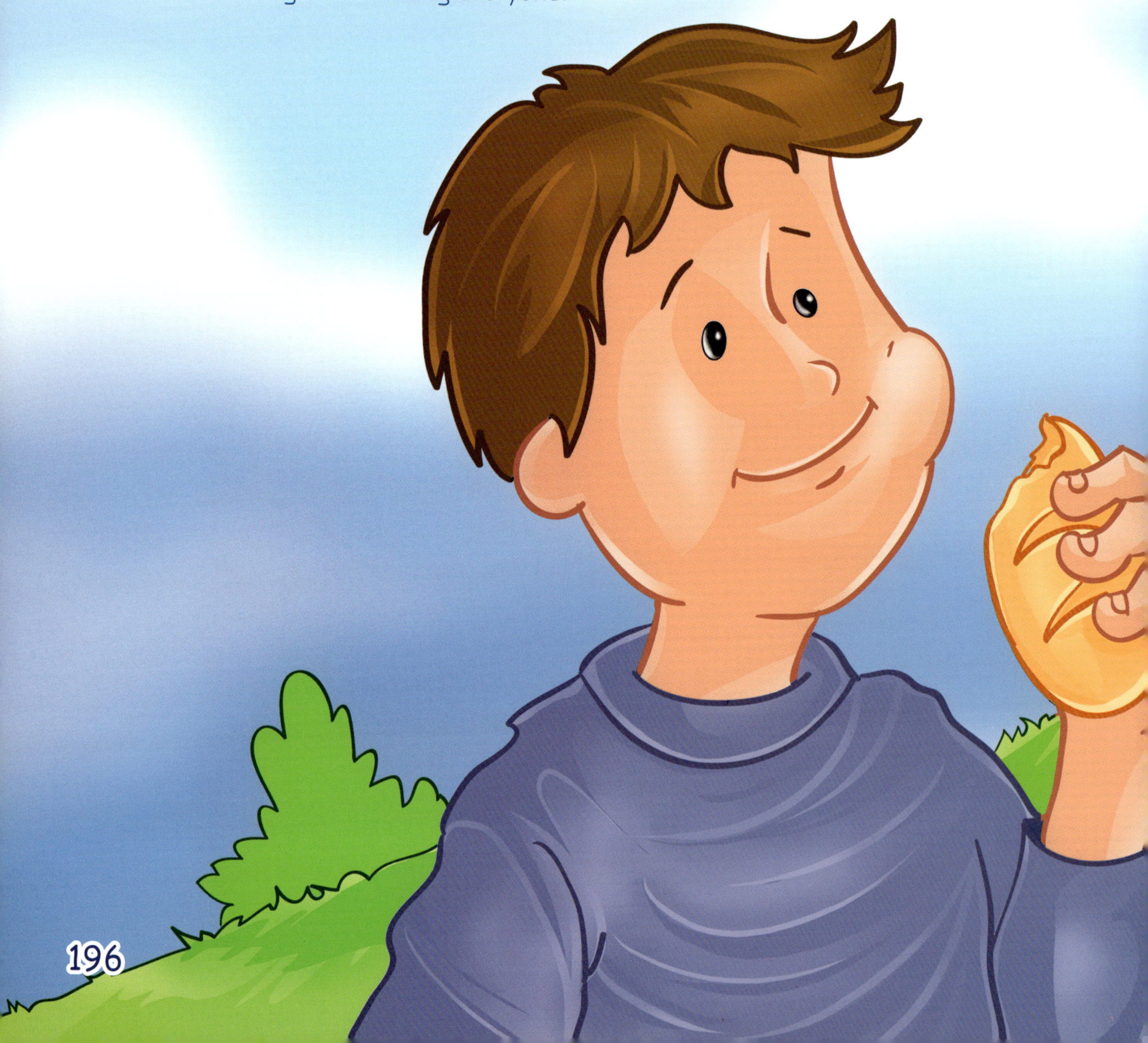

¡Qué maravillas realizaba Jesús!
¡La comida alcanzó, e incluso sobró!
Todos comieron gracias al muchacho que
fue generoso y compartió su comida.

How many wonders Jesus made!
There was food for everyone, and there were even
some leftovers! Everyone could eat, thanks to
the kind boy who shared his food.

¿Tú también sabes compartir lo que tienes?
Can you also share the things you have?

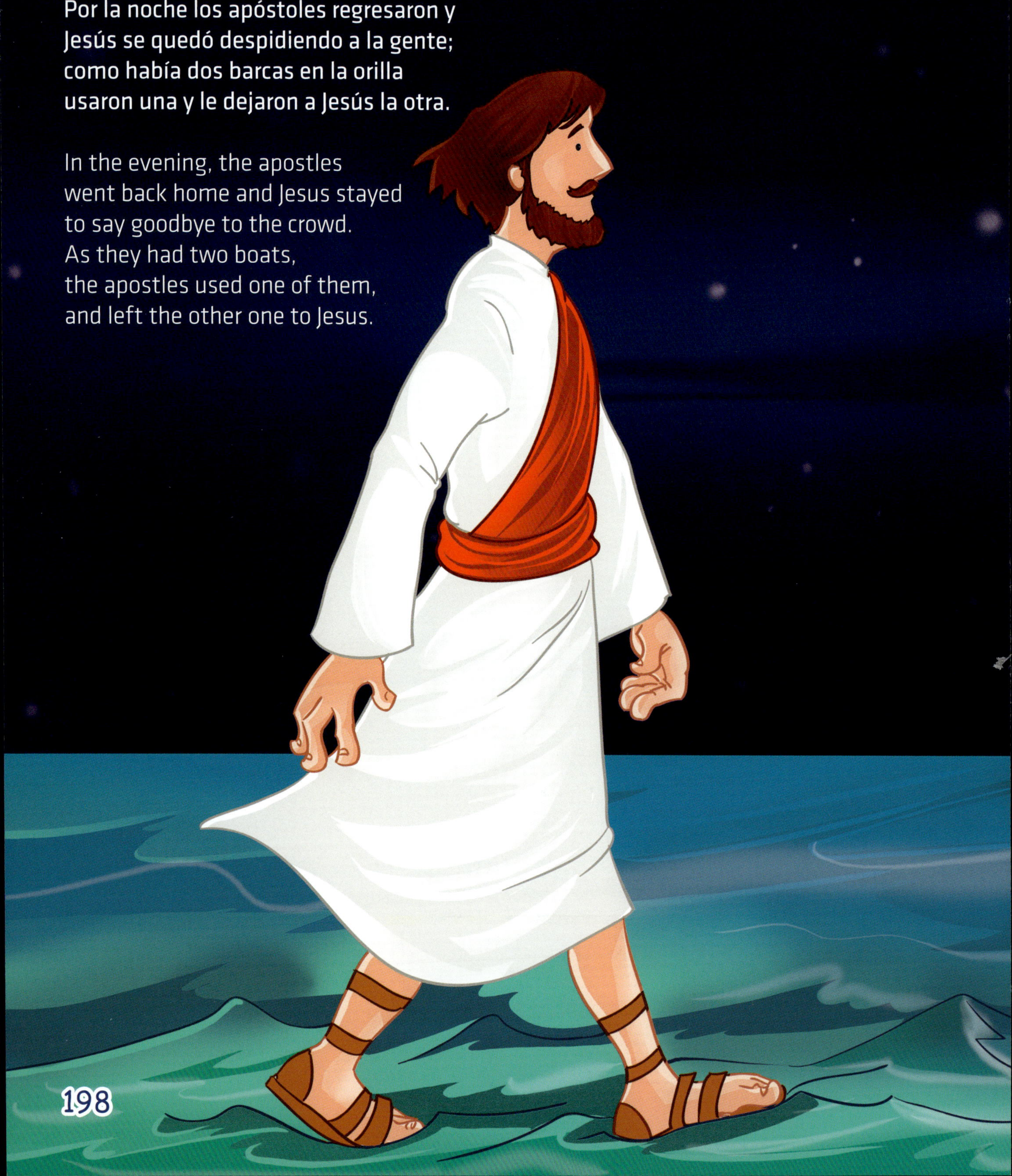

Por la noche los apóstoles regresaron y Jesús se quedó despidiendo a la gente; como había dos barcas en la orilla usaron una y le dejaron a Jesús la otra.

In the evening, the apostles went back home and Jesus stayed to say goodbye to the crowd. As they had two boats, the apostles used one of them, and left the other one to Jesus.

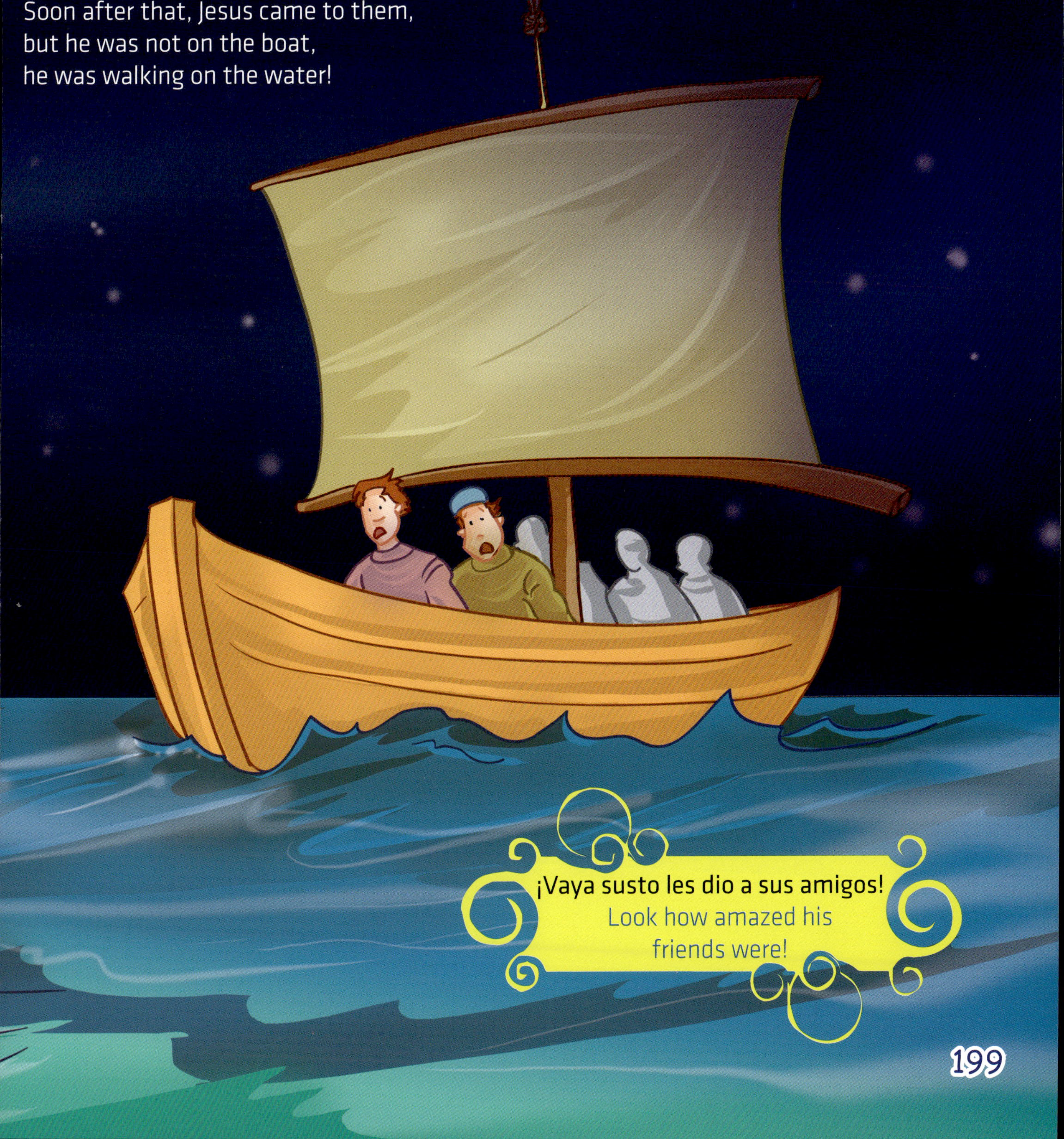
Soon after that, Jesus came to them,
but he was not on the boat,
he was walking on the water!
¡Vaya susto les dio a sus amigos!
Look how amazed his
friends were!

Al día siguiente un muchacho le preguntó qué significaba hacer el bien al prójimo, y Jesús le contó la historia de un hombre que había sido atacado por ladrones:

Next day a boy asked him what did "doing well to your neighbour" mean. Jesus told him the story of a man who had been attacked by thieves:

“Le quitaron sus cosas y lo golpearon, dejándolo herido en medio del camino, y aunque muchos pasaron por allí, ninguno lo ayudó.

“They took his things away and beat him, and they left him wounded on the road. Although many people passed by, nobody was willing to help.

Ya por la tarde pasó un extranjero, que se compadeció de él y lo ayudó. Vendó sus heridas y en su propio asno lo llevó a un lugar donde podían curarlo".

At sunset a foreigner came upon that man, was moved with compassion and helped him. He treated his wounds; he put him on his own donkey and brought him to a place where he could be taken care of".

Al final de la historia, Jesús le preguntó:
"¿Quién le hizo el bien a ese hombre?".
"El extranjero", respondió el muchacho, que ya había aprendido la lección.

When he finished the story, Jesus asked him:
"Who did well to that man?".
"The foreigner", said the boy, who had learned the lesson.

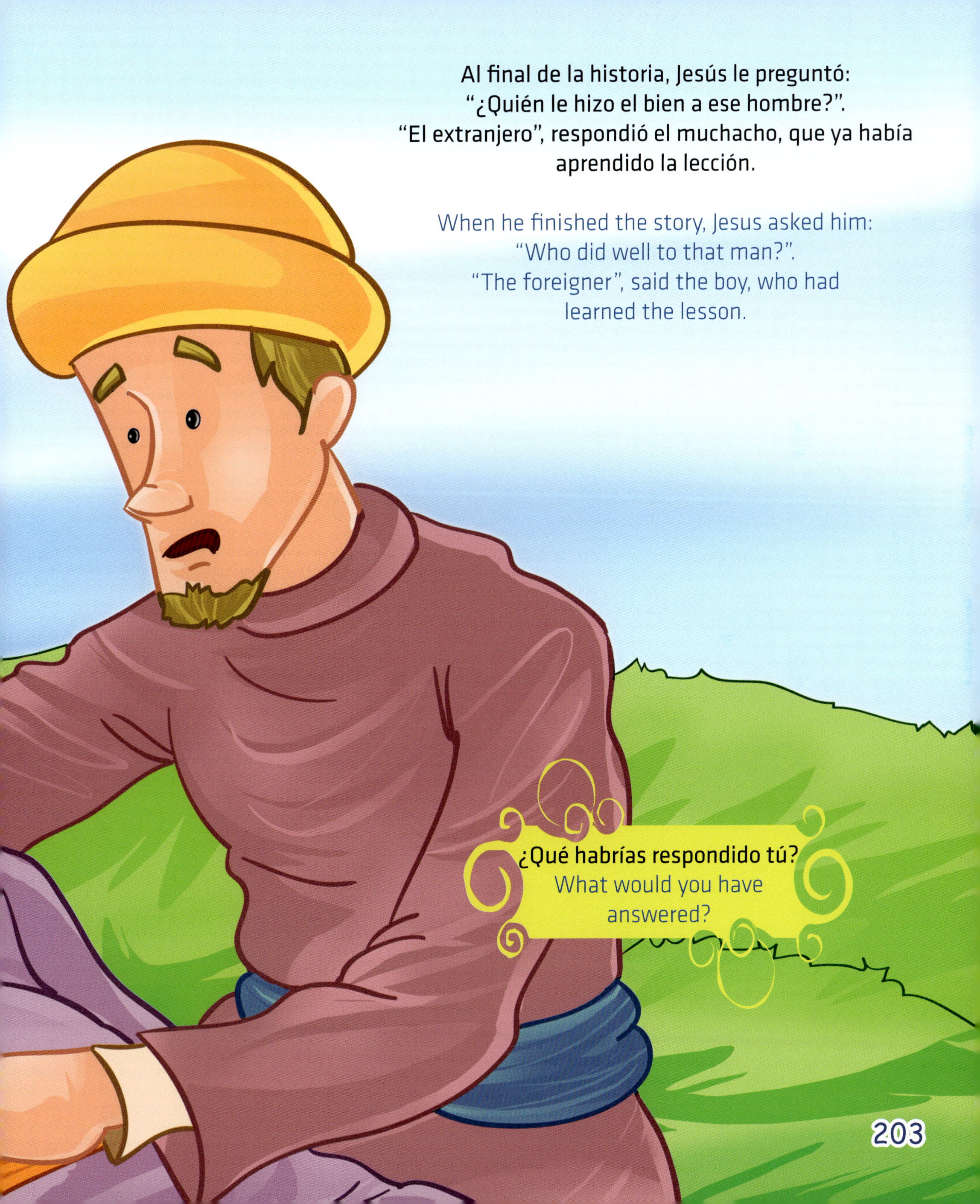

¿Qué habrías respondido tú?
What would you have answered?

Jesús tenía un amigo, llamado Lázaro,
que se puso muy enfermo.
Jesús recibió la noticia y fue a verlo,
pero ya había muerto cuando Él llegó.

Jesus had a friend, Lazarus,
who became very ill. Jesus was told,
and he went to see him,
but when he arrived,
his friend had already died.

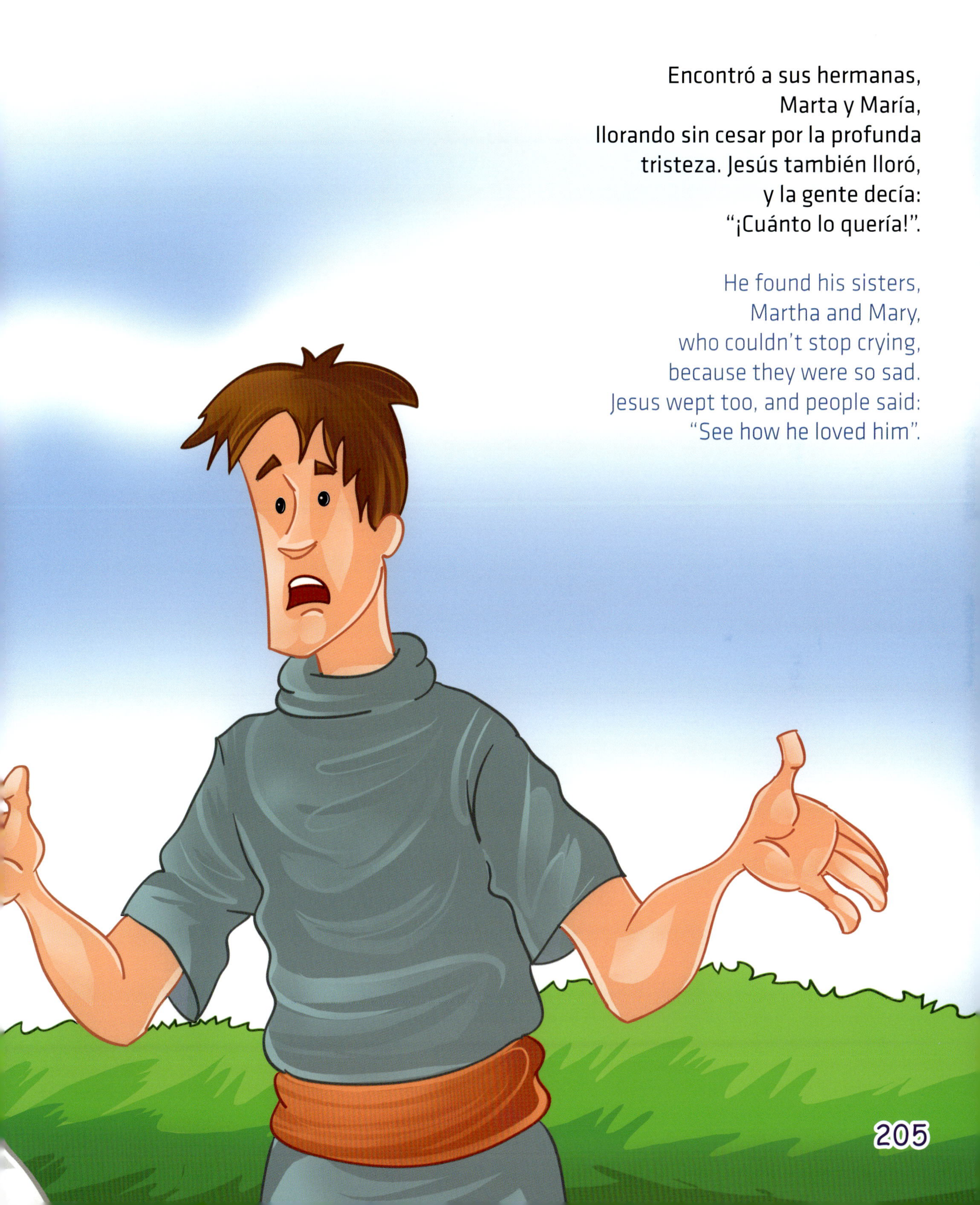

Encontró a sus hermanas,
Marta y María,
llorando sin cesar por la profunda
tristeza. Jesús también lloró,
y la gente decía:
"¡Cuánto lo quería!".

He found his sisters,
Martha and Mary,
who couldn't stop crying,
because they were so sad.
Jesus wept too, and people said:
"See how he loved him".

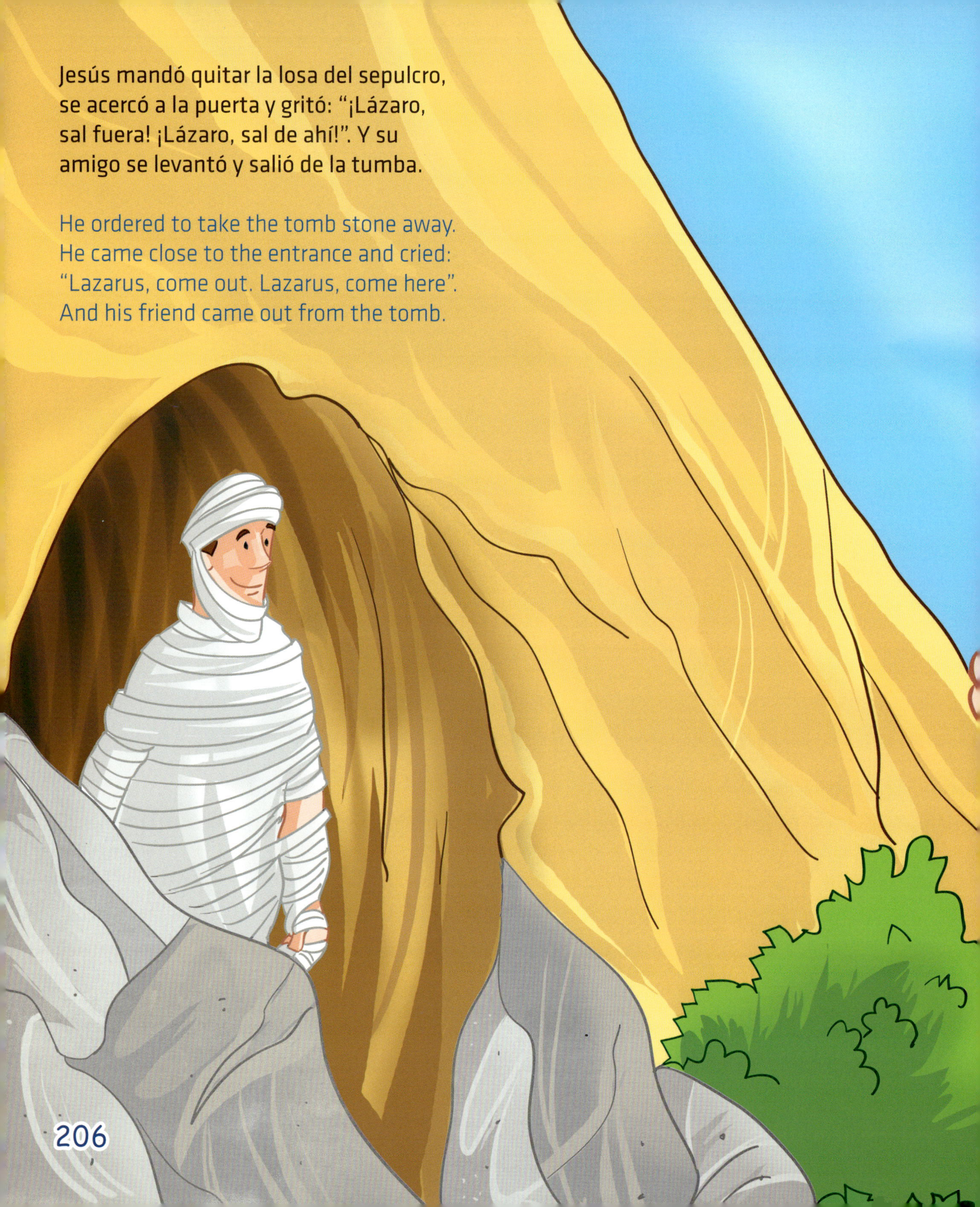

Jesús mandó quitar la losa del sepulcro, se acercó a la puerta y gritó: "¡Lázaro, sal fuera! ¡Lázaro, sal de ahí!". Y su amigo se levantó y salió de la tumba.

He ordered to take the tomb stone away. He came close to the entrance and cried: "Lazarus, come out. Lazarus, come here". And his friend came out from the tomb.

Toda la gente estaba maravillada por los milagros
que hacía Jesús para ayudar a los demás.

Everyone was amazed by the
miracles Jesus made to
help the others.

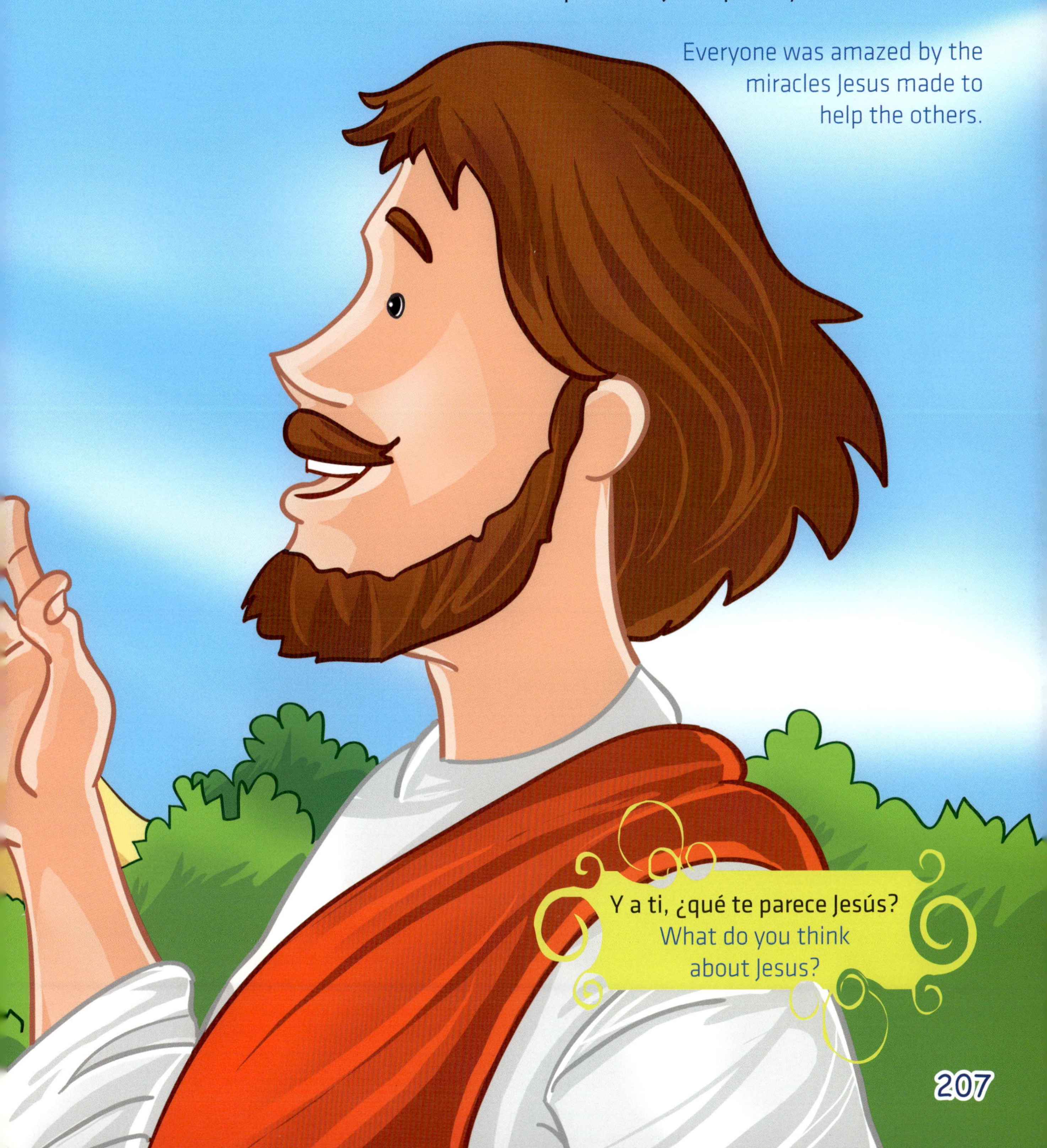

Y a ti, ¿qué te parece Jesús?
What do you think
about Jesus?

A papá y mamá

El acontecimiento de la pasión de Jesús despierta en los niños un profundo sentimiento de solidaridad con quienes padecen las injusticias humanas y suscita inquietantes preguntas sobre la fe en Dios. ¡ESTÁ VIVO!, la historia de la resurrección de Jesús, presenta los acontecimientos de manera particularmente positiva, al hacer énfasis en la victoria de Jesús sobre la muerte y en las emociones que tal suceso despierta en todos aquellos que le siguen. Así, el niño encuentra algunas respuestas a sus interrogantes, valorando la acción salvadora de Dios y deseando contribuir a la misión apostólica que pone fin a este capítulo.

To mummy and daddy

The event of the passion of Jesus awakens in children a deep sense of solidarity with those who are suffering from human injustices and raises disturbing questions about the faith in God. HE IS ALIVE!, the story of the resurrection of Jesus, presents the events in a particularly positive manner in order to make emphasis on Jesus' victory over death and the emotions that such event stirs up those who follow Him. Thus, the child finds some answers to their questions, valuing the salvific action of God and willing to contribute to the apostolic mission, which ends in this chapter.

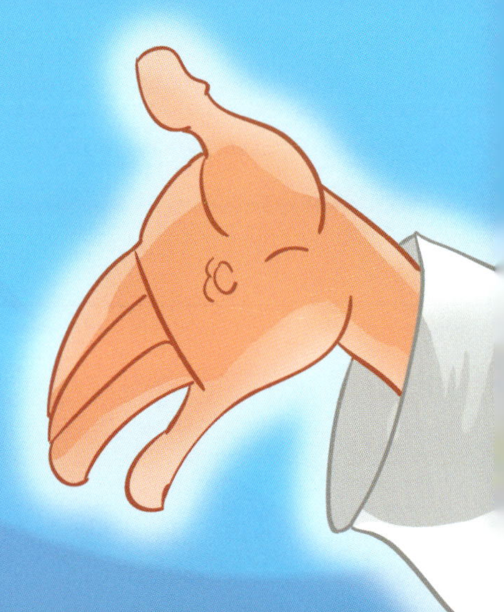

¡ESTÁ VIVO! HE'S ALIVE!

La historia de la resurrección de Jesús
The story of the resurrection of Jesus

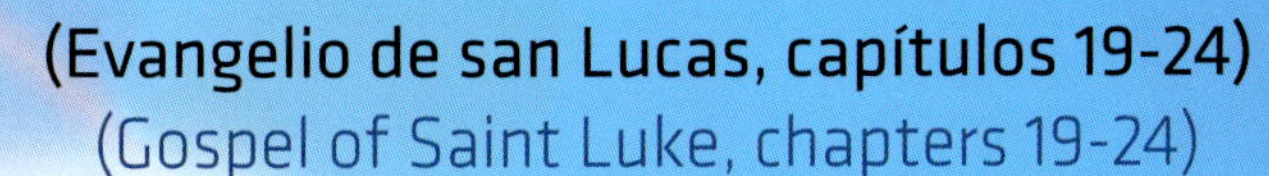

(Evangelio de san Lucas, capítulos 19-24)

(Gospel of Saint Luke, chapters 19-24)

Después de recorrer todo el país, Jesús decidió ir a Jerusalén. La gente salió a recibirlo llena de alegría.

After travelling all over the country, Jesus decided to go to Jerusalem. All the people went to welcome him happily.

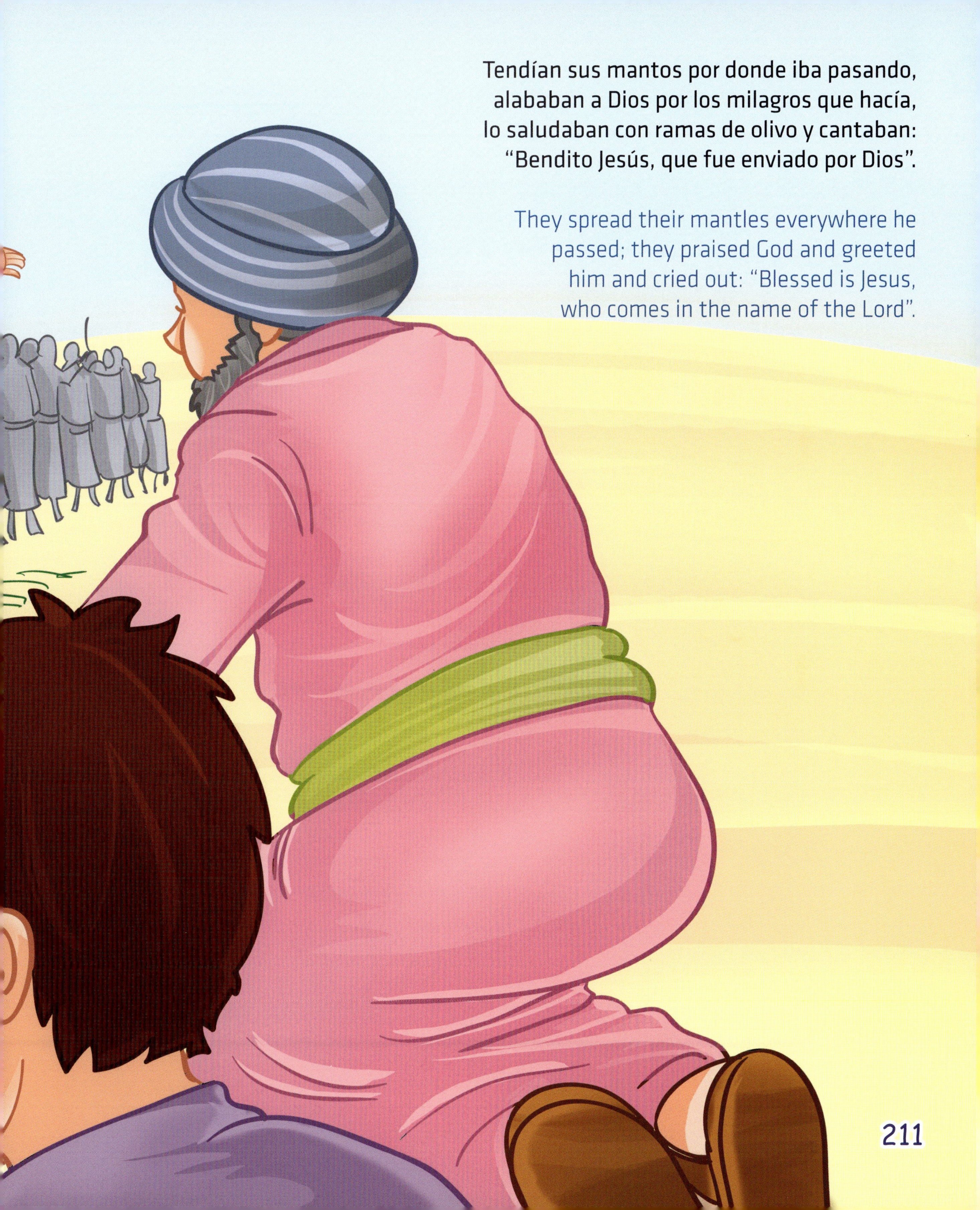

Tendían sus mantos por donde iba pasando, alababan a Dios por los milagros que hacía, lo saludaban con ramas de olivo y cantaban: "Bendito Jesús, que fue enviado por Dios".

They spread their mantles everywhere he passed; they praised God and greeted him and cried out: "Blessed is Jesus, who comes in the name of the Lord".

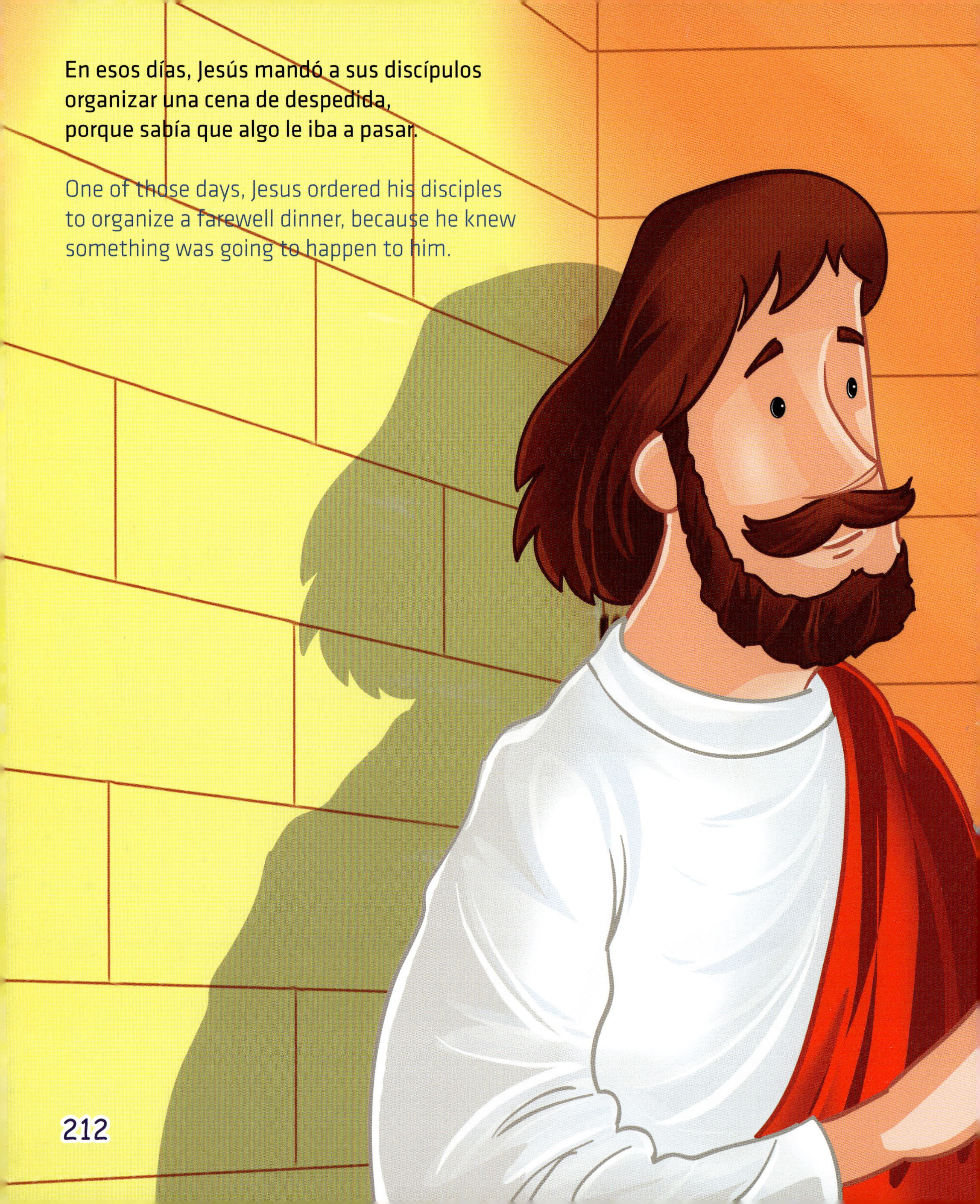

En esos días, Jesús mandó a sus discípulos
organizar una cena de despedida,
porque sabía que algo le iba a pasar.

One of those days, Jesus ordered his disciples
to organize a farewell dinner, because he knew
something was going to happen to him.

Jesús le dio gracias a Dios por el pan y el vino y los bendijo. Después se los dio a sus apóstoles diciendo: "Este pan es mi cuerpo y este vino es mi sangre". También les dijo que para recordarlo se reunieran con frecuencia a comer.

Jesus thanked God for the bread and wine and blessed them. Then he gave them to his disciples saying: "This bread is my body and this wine is my blood". Likewise, he told his disciples to often gather together for dinner, so they could remember him.

Después de cenar, Jesús se fue a orar
a un huerto que había muy cerca,
porque se sentía muy triste y solo.

After dinner, Jesus went to a close
garden to pray. He felt lonely and very sad.

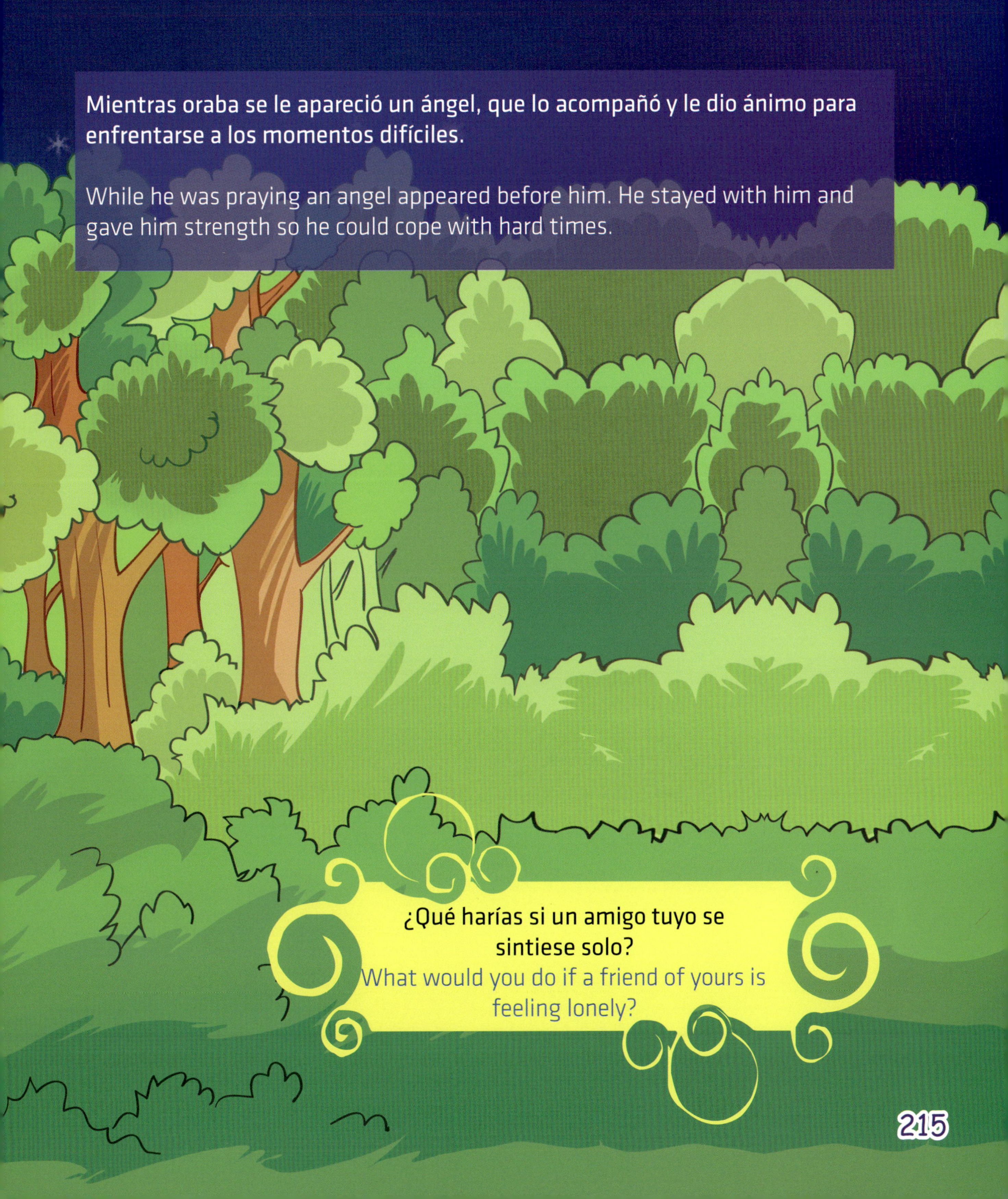

Mientras oraba se le apareció un ángel, que lo acompañó y le dio ánimo para enfrentarse a los momentos difíciles.

While he was praying an angel appeared before him. He stayed with him and gave him strength so he could cope with hard times.

¿Qué harías si un amigo tuyo se sintiese solo?
What would you do if a friend of yours is feeling lonely?

Apenas terminó Jesús de orar,
llegaron unos soldados
para apresarlo.

As soon as he finished his prayer,
some soldiers came to
arrest him.

Los apóstoles trataron de defenderlo,
pero Jesús les dijo que no se preocuparan.
Y los soldados se lo llevaron a la cárcel.

The apostles tried to defend him,
but Jesus told them not to worry.
The soldiers took them to prison.

Al día siguiente lo llevaron ante un juez,
con intenciones de que lo condenara.
El juez lo interrogó y se dio cuenta
de que Jesús no había
hecho nada malo.

Next day, they took him before a judge.
They wanted him to condemn Jesus.
The judge questioned him and saw
that Jesus had done nothing wrong.

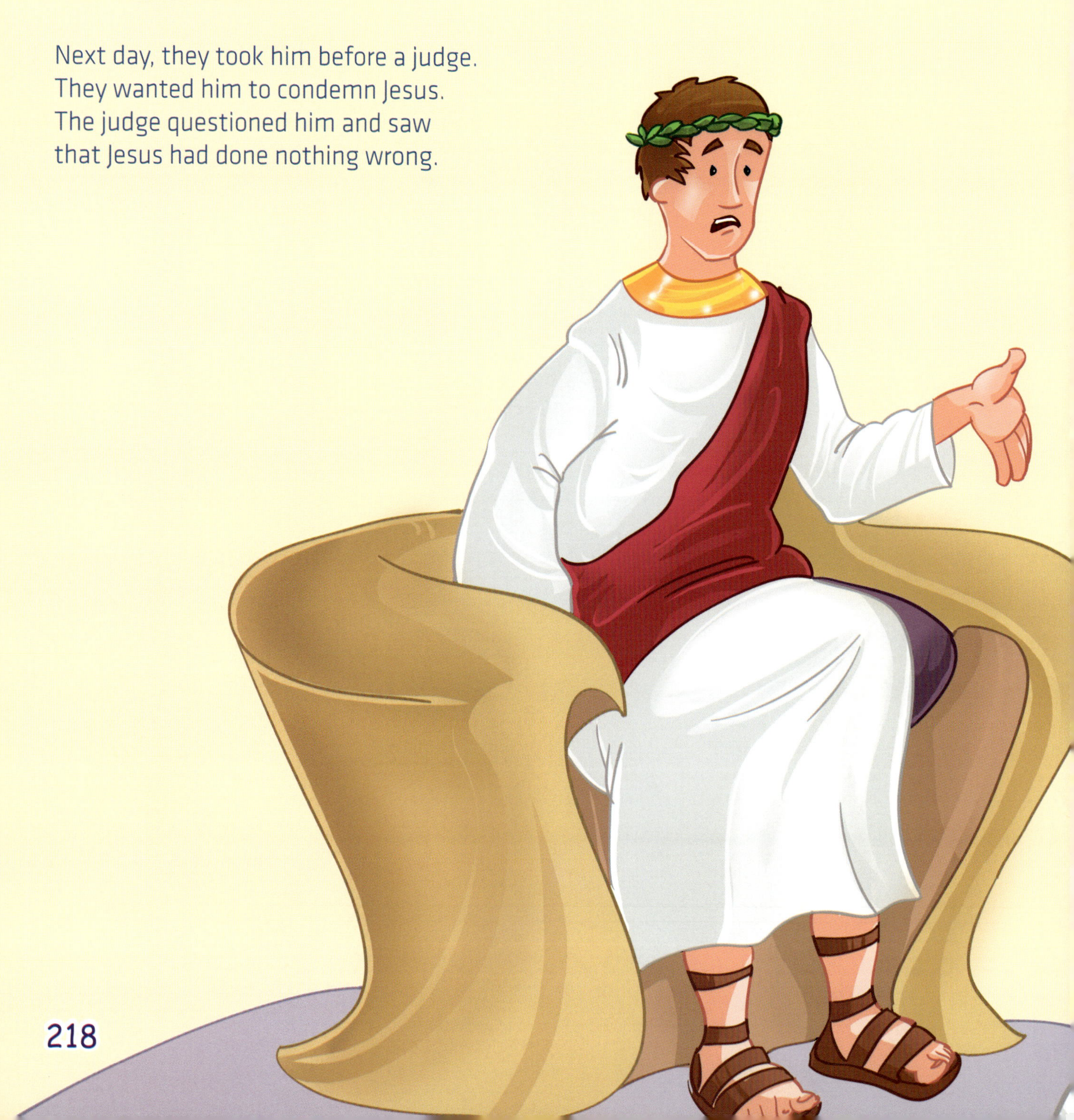

Pero la gente gritaba
que lo condenara y el juez,
por miedo a la gente,
dijo a los soldados
que lo crucificaran.

But people screamed at him
to condemn Jesus. The judge,
fearing the crowds, told
the soldiers to crucify him.

¿Qué pasará con Jesús?
What will happen with
Jesus?

Los soldados crucificaron a Jesús
y a otros dos hombres condenados,
y la gente que pasaba se burlaba de Él.

Pero Jesús era muy bueno y los perdonó.
Pidió a Dios que no los castigara y,
después de sufrir, murió.

The soldiers crucified Jesus and two other
condemned men. Everyone who was
passing by made fun of him.

But Jesus was a good man and forgave them all.
He asked God not to punish them.
And, after he suffered so much, he died.

¿Qué haces tú si alguien te ofende?
What do you do if someone offends you?

Un amigo sepultó el cuerpo de Jesús
en una tumba nueva y la tapó con una losa.
Tres días después hubo un gran terremoto
y un ángel bajó del cielo y corrió la piedra.

A friend of Jesus buried his body in a new tomb
and sealed the entrance with a rock. Three days
later there was a huge earthquake; an angel came
down from heaven and rolled the stone away.

Unas mujeres habían ido a visitar la tumba
y al llegar vieron al ángel, que les dijo:
"Jesús no está aquí, ¡Jesús ha resucitado!".
Ellas, felices, les contaron todo a los apóstoles.

Some women went to the tomb. When they arrived, they saw the angel, who told them: "Jesus isn't here, he has risen from death!". The women, very happy, went to tell the apostles.

Al día siguiente, dos discípulos iban a otro pueblo
y por el camino se les apareció Jesús;
ellos no pudieron reconocerlo,
pero caminaron con él, hablando de Dios.

The next day, two disciples were walking
to another village. On the road they met
Jesus, but they didn't recognize him.
Nonetheless, they walked with
him and talked about God.

Al llegar a su casa lo invitaron a cenar y en el momento en que bendijo la comida, ¡se dieron cuenta de que era Jesús! ¡Qué alegría saber que había resucitado!

When they arrived home, they invited him to dinner. When Jesus blessed the food, they realized he was Jesus! What a joy to know he had risen from death!

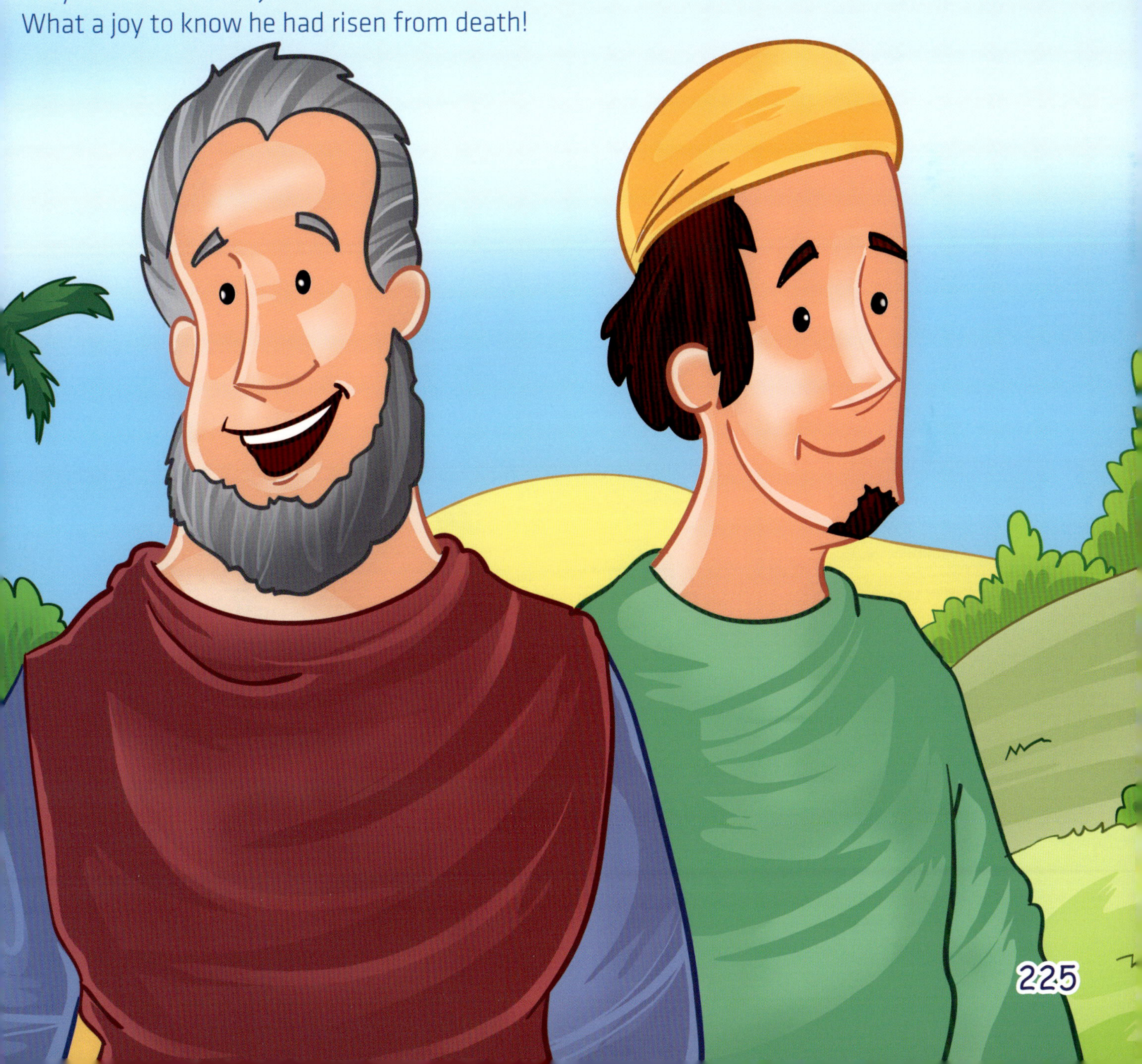

Un día estaban los apóstoles reunidos cuando Jesús
se les apareció. Él los saludó y les encomendó una misión:

One day the apostles were all gathered together
when Jesus appeared before them.
Jesus greeted them and gave them a mission:

Contar a todo el mundo quién era Jesús, bautizando a la gente que creyera en Él y enseñándole a amar y hacer el bien.

They had to tell everyone who Jesus was, to baptize all the people who believed in Him and to teach everyone to love and do well to others.

¡Tú también puedes contar que crees en Jesús!
You can also tell you believe in Jesus!

Después les dijo que iba a subir al cielo,
pero que les enviaría al Espíritu Santo
para que les ayudara a cumplir su misión.
Luego los bendijo,
¡y se elevó hasta el cielo!

Then he told them he was going up to heaven,
and he was going to send the Holy Spirit to
help them accomplish their mission.
Then he blessed them and was taken to heaven!

Los discípulos regresaron alegres
a esperar al Espíritu Santo.

The disciples returned happily
to wait for the Holy Spirit.

A papá y mamá

La llegada del Espíritu Santo marca el inicio de la actividad de los apóstoles y del sorprendente crecimiento de la primitiva comunidad cristiana. ... Y MUCHA GENTE CREYÓ, la historia del nacimiento de la Iglesia, presenta a los niños dos personajes clave en sus comienzos: los apóstoles Pedro y Pablo, destacando en el primero su empeño por organizar a la primera comunidad y en el segundo su radical empuje misionero, para concluir luego con una proyección hasta el presente que les revela la trascendencia de ese apostolado y les ayuda a descubrir su propia misión como discípulos de Jesús.

To mummy and daddy

The descent of the Holy Spirit marks the beginning of the activity of the apostles and the remarkable growth of the early Christian community. ... AND MANY PEOPLE BELIEVED, the story of the birth of the Church, introduces to children two key figures in its early stages: the apostles Peter and Paul; firstly, highlighting their efforts to organize the first community and, secondly, their radical missionary thrust; and finally, with their projection to the present, what reveals to them the significance of that apostolate and help them discover their own mission as disciples of Jesus.

... Y MUCHA GENTE CREYÓ

... AND MANY PEOPLE BELIEVED

La historia del nacimiento de la Iglesia

The story of the birth of the Church

(Libro de los Hechos de los Apóstoles) - (Book of the Acts of Apostles)

Un día estaban los apóstoles reunidos
orando, acompañados de María,
la madre de Jesús, y habían cerrado
las puertas de la casa.
One day the apostles were all together
in prayer, and Mary, mother of Jesus, was
with them. They had the doors closed.

De pronto se asustaron por un fuerte ruido,
como una estruendosa ráfaga de viento,
rumm rutun tuuum, sonaba por toda la casa...

Suddenly a big sound, like a strong rushing wind,
"whoosh!", filled the whole house and scared them.

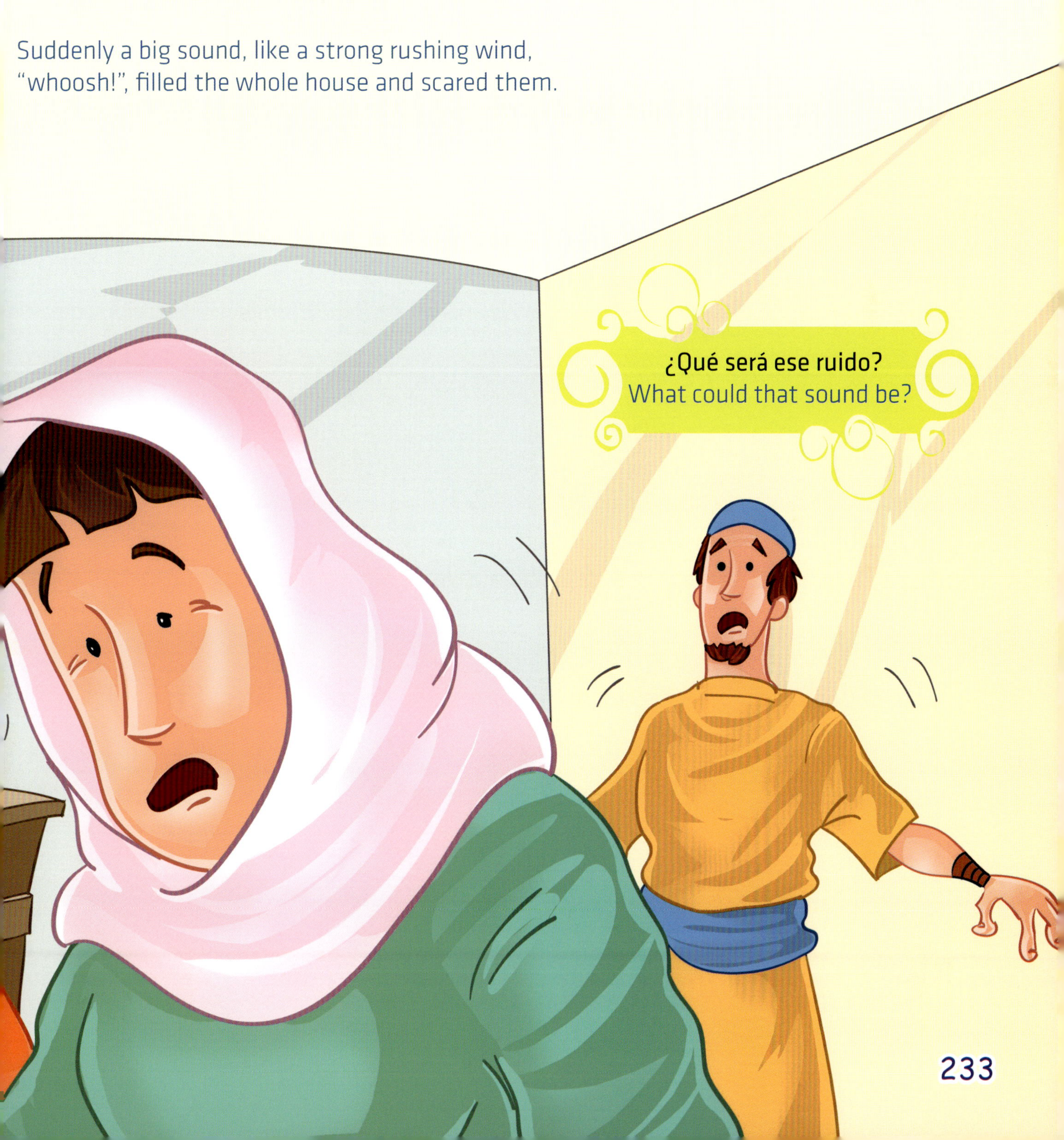

¿Qué será ese ruido?
What could that sound be?

Sobre sus cabezas aparecieron unas intensas llamas de fuego que los iluminaban pero no los quemaban, y se sintieron llenos del Espíritu Santo.

Over their heads, there appeared tongues of fire which gave light without burning. They all felt filled with the Holy Spirit.

Los apóstoles recibieron el Espíritu Santo y ahora podían predicar todo lo que Jesús les había enseñado.

The apostles received the Holy Spirit. Now they could preach all the teachings of Jesus.

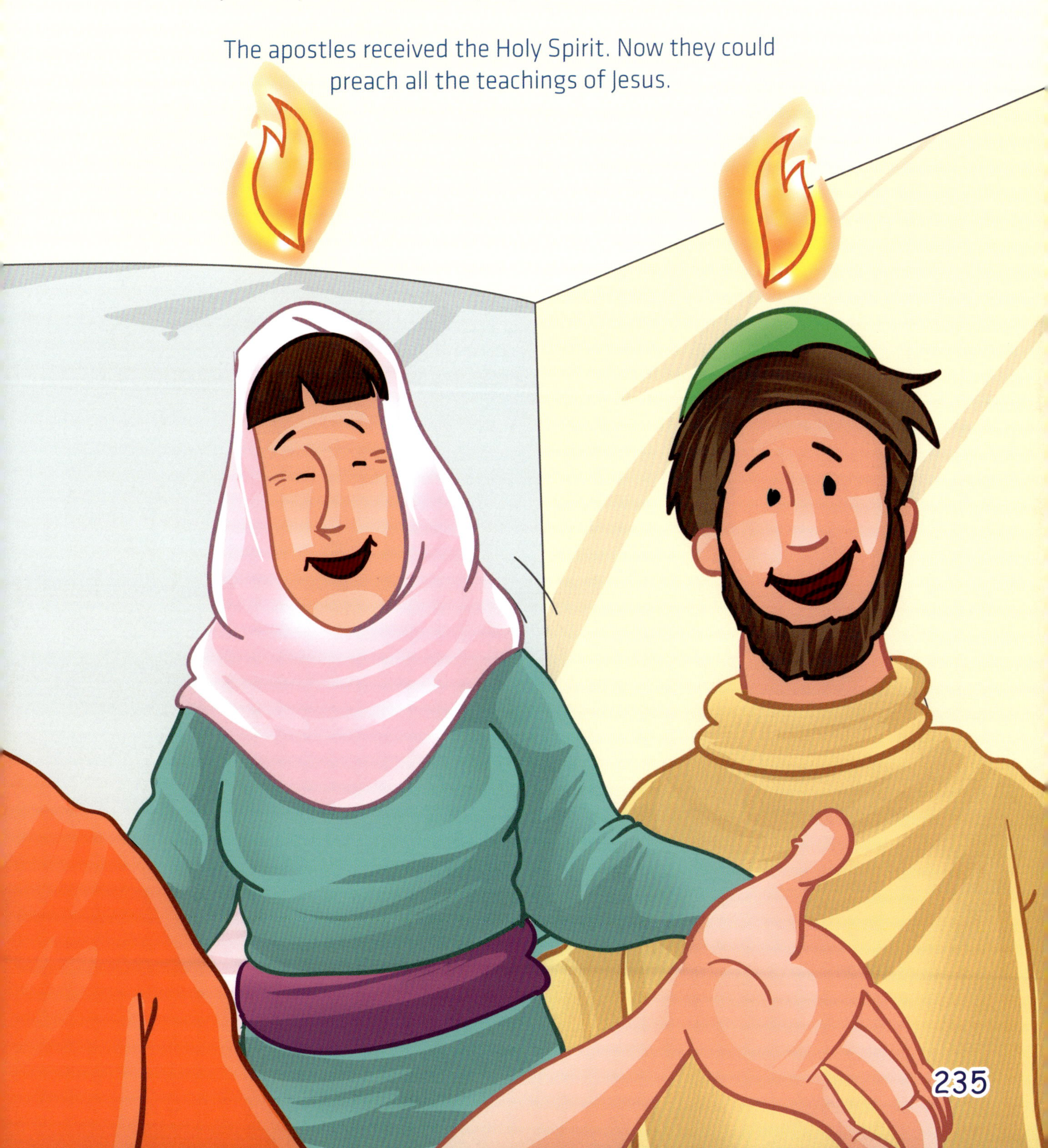

Los apóstoles empezaron a predicar y mucha gente les creía y se unía a ellos, y empezaba a vivir como Jesús enseñó.
The apostles began to preach. Many people believed in them and joined them. They started living what Jesus had taught.
¿Quieres saber cómo vivían?
Do you want to know the way they lived?

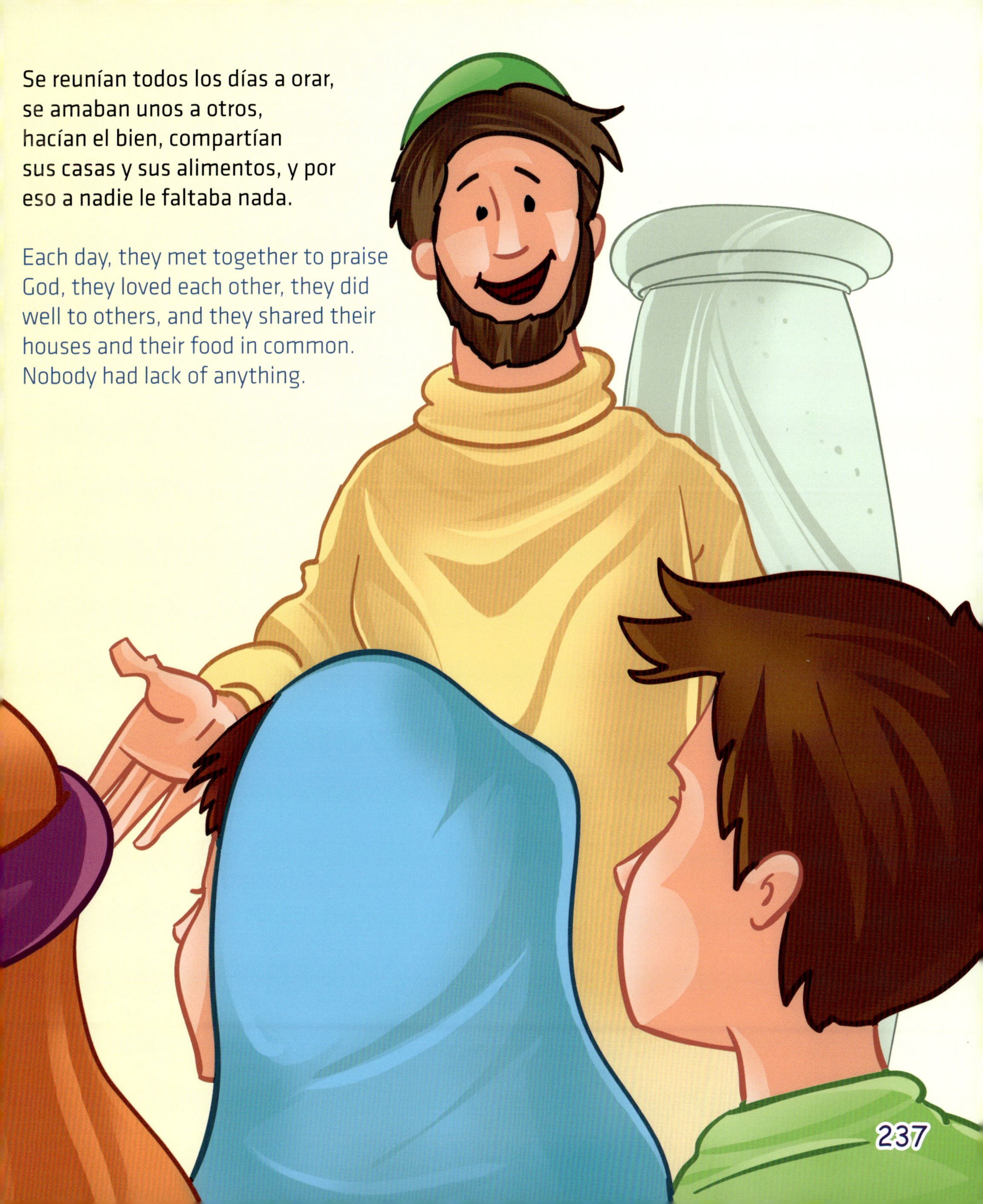

Se reunían todos los días a orar,
se amaban unos a otros,
hacían el bien, compartían
sus casas y sus alimentos, y por
eso a nadie le faltaba nada.

Each day, they met together to praise God, they loved each other, they did well to others, and they shared their houses and their food in common. Nobody had lack of anything.

Pedro había sido elegido por el mismo Jesús
para dirigir y organizar a su comunidad,
que siempre seguía sus instrucciones.

Peter had been chosen by Jesus to lead and
arrange the community. And the community
always followed his instructions.

Pedro empezó a distribuir las tareas. Unos se encargaban de dirigir la oración, y otros de repartir ropas y alimentos; así todos se ayudaban mutuamente.

Peter started distributing the tasks. Some were in charge of leading the prayer, while others had to share out clothes and food. In that way, they all helped each other.

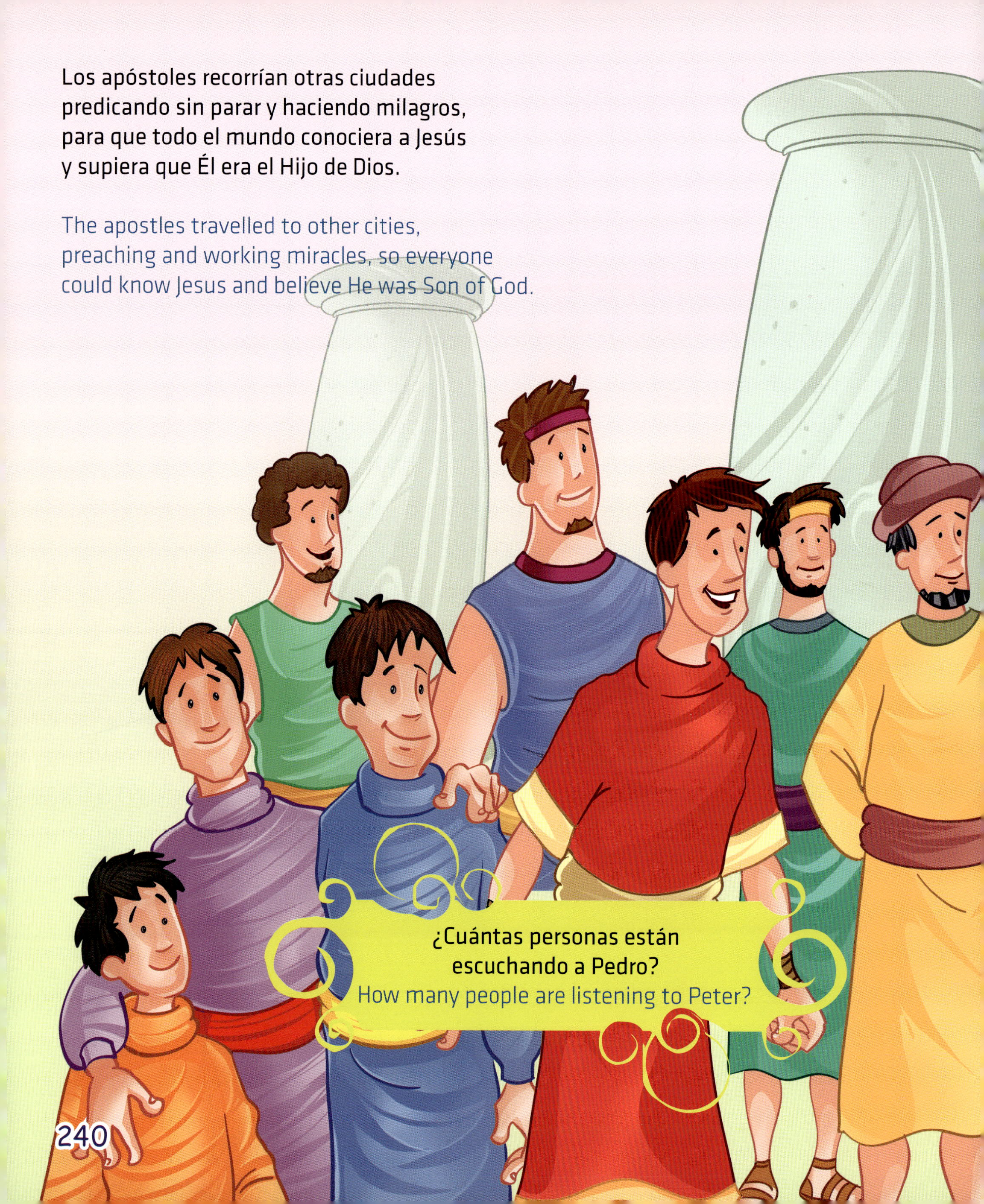

Los apóstoles recorrían otras ciudades predicando sin parar y haciendo milagros, para que todo el mundo conociera a Jesús y supiera que Él era el Hijo de Dios.

The apostles travelled to other cities, preaching and working miracles, so everyone could know Jesus and believe He was Son of God.

¿Cuántas personas están escuchando a Pedro?
How many people are listening to Peter?

Cada día más gente quería formar parte de la comunidad de discípulos de Jesús, aunque otras personas los rechazaban y hasta buscaban cómo hacerles daño.

Each day, more people would like to be a part of the community of the disciples of Jesus, although other people rejected them and even sought to harm them.

Pablo no creía en Jesús ni en los apóstoles y quería meter en la cárcel a los que sí creían, hasta que un día le ocurrió algo especial:

Paul didn't believe in Jesus or the apostles. He wanted to arrest all the believers. But one day something special happened to him:

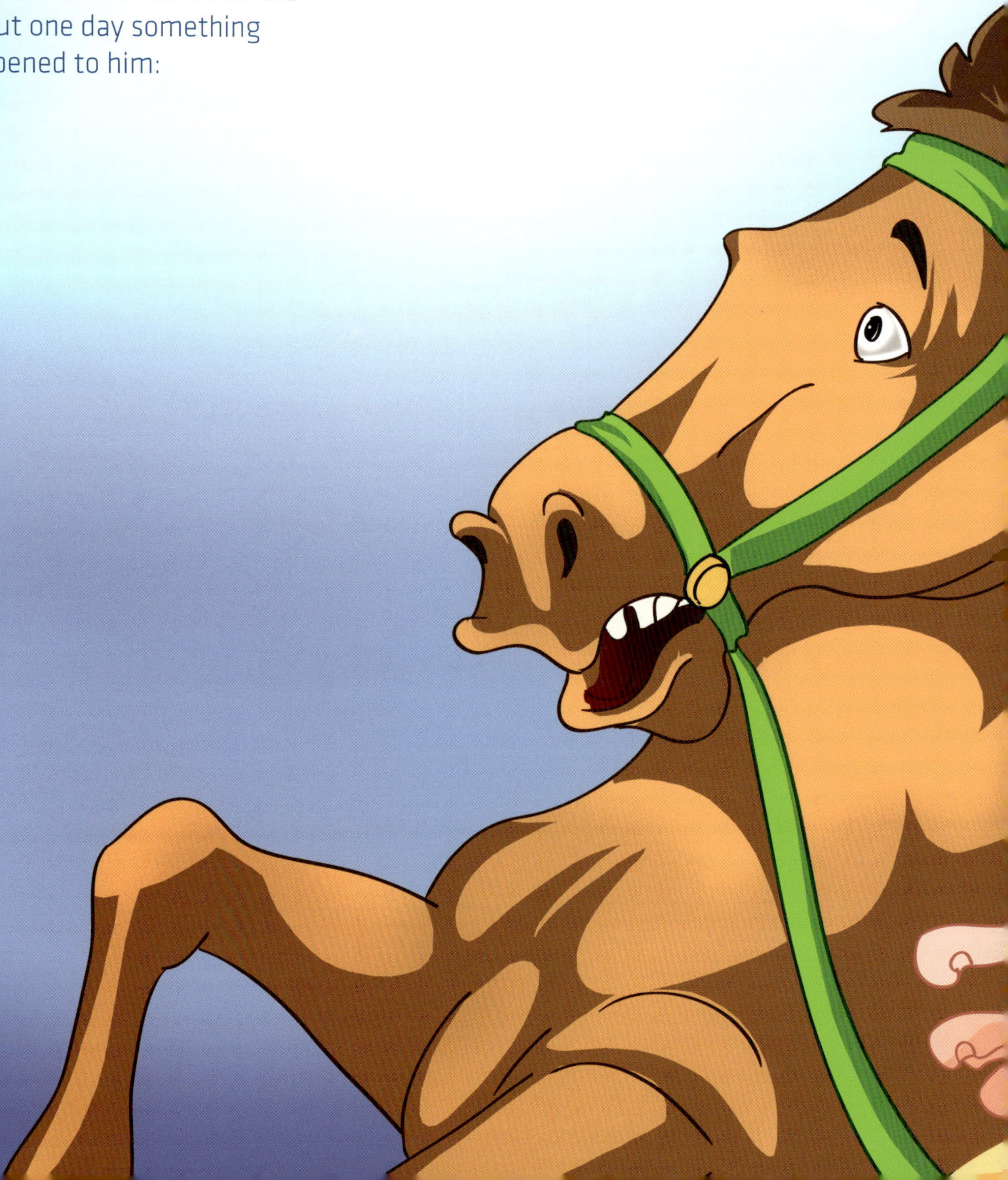

Iba en su caballo persiguiendo a
los discípulos cuando una luz lo hizo caer y
lo dejó ciego, ¡entonces escuchó la voz de Jesús!,
que le decía que no lo persiguiera más.

He was riding his horse, chasing the disciples,
when a light made him fall down and blinded him.
Then, he heard Jesus' voice asking him
to stop chasing Him!

Desde ese día Pablo creyó en Jesús,
y empezó a recorrer el mundo predicando;
viajó por tierra y mar a muchas ciudades,
contando que Jesús se le había aparecido.

From that day on, Paul was a believer.
He started travelling around the world to preach.
He travelled over land and sea to visit many
cities, telling everyone he had seen Jesus.

Pablo estuvo varias veces en la cárcel por predicar que debíamos amar a los demás, hacer el bien, orar mucho y creer en Jesús. ¡Se había convertido en un gran apóstol!

Paul was imprisoned many times for having preached we had to love each other, to do well to others, to pray a lot and to love Jesus. He had become a great apostle!

Incluso desde la cárcel seguía predicando, porque se dedicaba a escribir largas cartas contando las cosas que había hecho Jesús.

But even from prison he kept preaching; he wrote long letters telling all the things Jesus had done.

Igual que los apóstoles, muchos sacerdotes nos siguen enseñando a ser como Jesús. Y lo mejor de todo es que... ¡tú puedes oírlos!, solo tienes que ir a la Iglesia cada domingo.

As the apostles, many priests teach us to be like Jesus. And the best of it is... you can listen to them! You just have to go to church every Sunday.

2.ª edición

Tel. 917 425 113 - Fax 917 425 723
E-mail: secretaria.edit@sanpablo.es - www.sanpablo.es

Textos: Omar Asdrúbal León Carreño
Diseño: Fernando Gavilán
Ilustraciones: Freddy Bernal

Distribución: SAN PABLO. División Comercial
Resina, 1. 28021 Madrid - Tel. 917 987 375 - Fax 915 052 050
E-mail: ventas@sanpablo.es
ISBN: 978-84-285-4113-8
Depósito Legal: M. 40.824-2012
Impreso en Gohegraf
Printed in Spain. Impreso en España